Konjunktur und Krise

Wissenschaftliches Bulletin des Instituts für Wirtschaftswissenschaften
bei der Deutschen Akademie der Wissenschaften zu Berlin

10. Jahrgang 1966 Heft 4

Zu der Wirtschaftspolitik im staatsmonopolistischen Kapitalismus und der Einschätzung bürgerlicher ökonomischer Theorien

Kurt Zieschang

Eine Reihe von Veröffentlichungen der letzten Zeit beschäftigte sich viel mit der praktischen, d. h. letztlich wirtschaftspolitischen Bedeutung bürgerlicher Wirtschaftstheorien. Die Begründungen für die „neue Funktion" dieser Theorien beziehen sich letzten Endes alle auf den historischen Entwicklungsgrad des heutigen Kapitalismus und der daraus resultierenden Notwendigkeit des Fungierens des Staates im Prozeß der erweiterten Reproduktion, speziell auf die Notwendigkeit staatlicher Wirtschaftspolitik.

Dabei ist es jedoch ebenso notwendig zu erkennen, worin die Problematik der Wirtschaftspolitik der imperialistischen Staaten und die aus ihr resultierenden Aufgaben, worin die Realität ihrer Möglichkeiten und ihrer Durchsetzung bestehen, mit der die heutige bürgerliche Theorie konfrontiert wird. Die Gegenüberstellung von wirtschaftspolitischen Tatbeständen und bürgerlicher Theorie füllt erst die allgemeine Feststellung über die praktischen Funktionen der bürgerlichen Theorie mit Inhalt.

Manche der erwähnten Einschätzungen der heutigen bürgerlichen Theorien gaben dem Verfasser Anlaß zu der Annahme, daß mangelnde Konfrontation mit der realen Problematik zu Vereinfachungen und Einseitigkeiten in diesen Einschätzungen führten und so nicht immer die tatsächliche Bedeutung der bürgerlichen Theorien erfaßten.

Frühere dogmatische Einschätzungen, wie auch heutige, die entweder — vereinfacht ausgedrückt — auf bürgerliche Theorien einfach das Etikett „von großer praktischer Bedeutung" kleben (sie vielleicht auch einfach übernehmen), sie nicht marxistisch analysieren, d. h. ihre Wirkung an der herrschenden Realität untersuchen, führen beide nicht zu einer richtigen Stellung der Marxisten zur bürgerlichen Theorie.

Unserem Beitrag zu einer Teilfrage dieser Problematik wollen wir einige allgemeine Feststellungen über Grundfragen der Wirtschaftspolitik voranstellen. Sie sollen die Grundposition des Verfassers kurz skizzieren, von der aus dann einige konkrete Probleme entwickelt werden. (Dabei muß von vornherein um Nachsicht dafür gebeten werden, daß diese Thesen nur sehr allgemeine Feststellungen enthalten können.)

Bei der heutigen Wirtschaftspolitik des Staates handelt es sich sowohl bezüglich ihres Maßstabes als auch ihrer Funktion nicht einfach um eine Politik, wie sie der Staat immer schon zur Unterstützung und Förderung seiner ökonomischen Grundlagen betrieben hat. Ihr Wesen kann auch nicht dadurch erfaßt werden, daß, wie dies auch heute noch manchmal in der Literatur geschieht, ihre Funktionen auf die Anwendung einer mehr oder weniger großen Anzahl von Methoden reduziert werden, die die Monopolprofite quantitativ erhöhen. Sie muß vielmehr als ein historisch objektiver Bestandteil des Funktionierens des heutigen kapitalistischen Systems gefaßt werden.

Diese Wirtschaftspolitik setzt wesentlich die Maßstäbe für die heute notwendigen ökonomischen Funktionen des Staates im Wirtschaftsprozeß, indem kraft der *staatlichen* Autorität (im Unterschied zur Kapitalmacht der kapitalistischen Wirtschaftssubjekte) und der daraus resultierenden direkten und indirekten ökonomischen und administrativen Folgen die ökonomischen Potenzen ihrer Wirksamkeit geschaffen werden. Der staatliche, gesamtwirtschaftlich wirksame neue Machtfaktor im ökonomischen Mechanismus des Kapitalismus beeinflußt nicht nur den Ablauf der ökonomischen Prozesse, sondern bringt gleichzeitig eine Reihe neuer Züge in den ökonomischen Beziehungen des kapitalistischen Wirkungsmechanismus hervor. Die ganze Kompliziertheit der durch die Dazwischenkunft des Staates entstehenden neuen Beziehungen im heutigen kapitalistischen System läßt sich aus der historischen Entfaltung des, der kapitalistischen Entwicklung immanenten Widerspruches erklären: Des Widerspruches zwischen der Entwicklung des gesellschaftlichen Charakters der Produktion und ihrer privatkapitalistischen Grundlagen. Diese an sich lapidare Feststellung bildet jedoch den Zentral- und Angelpunkt der gesamten Wirtschaftsproblematik in den imperialistischen Ländern, die zwangsläufig in zunehmendem Maße den Staat als ökonomische Potenz, seine ökonomische Tätigkeit als integrierenden Bestandteil des heutigen kapitalistischen Wirtschaftssystems erfordert.

Selbstverständlich kann sich die staatliche Politik nicht unabhängig von den objektiven Bedingungen der jeweiligen Situation des Reproduktionsprozesses und der herrschenden kapitalistischen Verhältnisse bewegen und die durch sie bewirkten Veränderungen vollziehen sich ebenfalls in diesem Rahmen. Diese einfache Feststellung zu den komplizierten und weitverzweigten Problemen des objektiven Charakters der Wirtschaftspolitik, ihrer Möglichkeiten und Grenzen ist für die Einschätzung der heutigen bürgerlichen Theorien insofern von Bedeutung, als sich aus ihr Probleme des Wahrheitsgehaltes der bürgerlichen Theorien ergeben, z. B. die Tatsache, daß eine praktische Rolle dieser Theorien in dieser oder jener Form eine Darlegung tatsächlicher Zusammenhänge und ihrer Ursachen verlangt.

Andererseits ist die Wirtschaftspolitik *Politik*, eine Äußerung des politischen Überbaues, des Staates. Erst durch ihre Vermittlung werden die staatlichen Verhältnisse im Reproduktionsprozeß gesetzt und wirksam gemacht. Der Staat selbst ist seinem Wesen nach das politische Machtinstrument der herrschenden Klasse — bei Vorhandensein antagonistischer Klassenverhältnisse. Seine Äußerung, seine Politik stellt sich als *politische* Gewalt und Macht dar, die *staatliche* Politik — hier die Wirtschaftspolitik — ist demnach das vermittelnde Glied zwischen den im Staat organisierten Interessen und den objektiven ökonomischen Verhältnissen. Sie äußert sich in politischer Macht und Gewalt, durch die im Reproduktionsprozeß staatliche Bedingungen und Verhältnisse entstehen — staatsmonopolistische Verhältnisse. Hieraus ergeben sich im einzelnen vielerlei Probleme, auch neuartige Probleme und Beziehungen. Hier kommt es uns nur darauf an zu bemerken, daß es keine direkte, unmittelbare Verbindung zwischen objektiver ökonomischer Realität und staatlichem Eingreifen in den Wirtschaftsablauf gibt. Es ist nicht richtig, die Beziehungen zwischen objektiven ökonomischen Bedingungen des Reproduktionsprozesses oder gar die zwischen objektiven Erfordernissen der Entwicklung der Produktivkräfte und ökonomischen Funktionen des Staates in dem Sinne zu „objektivieren", daß bestimmte ökonomische Situationen eine bestimmte ökonomische Problematik, ein paralleles staatliches Eingreifen, ein entsprechendes staatliches Reagieren hervorbringt. Die Verbindungen zwischen beiden sind vorwiegend auf Grund der Entwicklung der Vergesellschaftung der Produktion und ihrer Erfordernisse (und der daraus folgenden Konzentrationen und Zentralisation) enger geworden — die ökonomische Rolle des Staates selbst ist der beste Beweis dafür. Nach wie vor kann sich aber die ökonomische Rolle des Staates nur über die staatliche Politik verwirklichen, die auf der Grundlage antagonistischer Klassengegensätze Politik bestimmter Interessen ist. Schlußfolgernd sei aus diesem Problemkreis folgendes festgehalten:

a) Richtung und Gestaltung der Wirtschaftspolitik ist — auf der Basis der objektiv gegebenen Realitäten und Erfordernisse — eine Machtfrage. Sie ist das Produkt der Klassen- und Interessenauseinandersetzung. Wie falsch es ist, im oben dargelegten Sinne die Verhältnisse zu „objektivieren", zeigt die Realität der Wirtschaftspolitik und der Wirtschaftsproblematik in den kapitalistischen Ländern. Jede Wirtschaftssituation bietet immer verschiedene Möglichkeiten, auf sie zu reagieren. Wie, in welcher Richtung dies geschieht, welche Mittel und Methoden in welchem Umfange angewandt werden, ist immer das Ergebnis mehr oder weniger langer Auseinandersetzungen gesellschaftlicher Kräfte. So gibt es z. B. überhaupt keine objektive Notwendigkeit für die heute die Wirtschaftspolitik wesentlich bestimmenden Rüstungsanforderungen, die Anforderungen neokolonialistischer Politik, wie überhaupt für die Durchsetzung politischer Konzeptionen der herrschenden Klasse — die aber erheblich die objektiven ökonomischen Verhältnisse im Reproduktionsprozeß als Folge der Wirtschaftspolitik beeinflussen.

b) Man kann daraus schlußfolgern, daß es in der heutigen Ökonomie, der ökonomischen Analyse nicht mehr ausreicht, nur die unmittelbaren objektiven ökonomischen Tatbestände und Beziehungen zu berücksichtigen. Wirtschaftspolitik, Interessenpolitik, ihre machtmäßigen Konsequenzen und Zusammenhänge in ihren ökonomischen Auswirkungen sind heute von enormer Bedeutung für den Ablauf der ökonomischen Prozesse. Daraus folgt auch, daß das jeweilige Herrschaftssystem, der vorhandene Herrschaftsmechanismus, der in den einzelnen imperialistischen Ländern erhebliche Unterschiede aufweist, eine bedeutende Rolle spielt.

c) Durch den Einfluß des Staates auf Produktion und Verteilung weisen die gesellschaftlichen Auseinandersetzungen manche neuen Züge auf, die auch neuen Bedingungen für den Kampf der antimonopolistischen Kräfte entsprechen. Beispielsweise wurde bisher der Einfluß der Kapitalisten auf die erweiterte Reproduktion immer letztlich durch die eigene Kapitalmacht und die Verwertungsverhältnisse bestimmt. Auch die Monopolisierung war letztlich davon abhängig. Durch die ökonomische Rolle des Staates wird der Maßstab der Monopolisierung in den ökonomischen Beziehungen und Verhältnissen ungeheuer erweitert. Die Grenze für den Einfluß auf die Ökonomie wird jetzt — auf der Grundlage der vorhandenen objektiven Bedingungen — durch die Macht und Gewalt des Staats gesetzt. Dabei ist in diesem Zusammenhang zweierlei von Bedeutung:

1. Die zunehmende Bestimmung der ökonomischen Beziehungen durch den Staat, der selbst zu einem riesenhaften Kapitalmobilisator und Verwender wird (aber nicht wie jeder andere Kapitalmobilisator und Anwender zum Zwecke der Eigenverwertung dieses Kapitals), bedeutet u. a., daß das Feld der ökonomischen gesellschaftlichen Auseinandersetzungen auch auf die staatliche Ebene verlagert wird, ökonomische Fragen auch zu staatlichen, politischen Fragen werden.

2. Gleichzeitig — in vielem, z. B. im Unterschied zum „gewöhnlichen" Monopol — ist der Staat eine Organisationsform, auf die vielerlei gesellschaftliche Kräfte Einfluß gewinnen können. Er muß auch als höchste gesellschaftliche Organisationsform gleichzeitig in breitem Maße verschiedene Bedürfnisse berücksichtigen und zur Erhaltung dieser gesellschaftlichen Organisation sind — und dies in steigendem Maße — vielfache gesamtgesellschaftliche Aufgaben zu erfüllen u. a. Hinzu kommt, daß er, dessen ökonomische Rolle selbst das Produkt der über die Kapitalverhältnisse an sich schon hinausreichenden wachsenden Anforderungen der Vergesellschaftung der Produktion ist, auch zunehmend im Interesse des ökonomischen Wachstums und der Erhaltung des Systems unter den heutigen Bedingungen, diese Anforderungen berücksichtigen muß.

Die objektive Entwicklungstendenz der Vergesellschaftung der Produktion, der Umfang dieser Vergesellschaftung, die aus den Versuchen ihrer kapitalistischen Bewältigung entspringenden Widersprüche u. ä. sind es, die die Auseinandersetzung der Klassen, der Interessen auf eine höhere, vielfach auch organisiertere Ebene heben. In zunehmendem Maß wird der Umfang der ökonomischen und sozialen Auseinandersetzungen erweitert, sie führen heute schon über die unmittelbaren Lebens- und Kapitalverwertungsinteressen hinaus. Unweigerlich verbinden sie sich — da der Staat auch ökonomisch immer mehr im Zentrum steht — mit den allgemeinen politischen Problemen und unweigerlich führen diese Auseinandersetzungen bis zu den Fragen, wie die Gesellschaft gestaltet und organisiert werden, nach welchem Leitbild sie handeln soll.

Die Wirtschaftspolitik erlangt zentrale Bedeutung in diesen Auseinandersetzungen, bei denen es sich um eine langfristige Entwicklungstendenz handelt, die sich sehr unterschiedlich und widerspruchsvoll durchsetzt.

Die staatsmonopolistische Entwicklung und die daraus resultierende Rolle der Wirtschaftspolitik schließt von verschiedenen Seiten her in sich die realen Möglichkeiten des Einflusses antimonopolistischer Kräfte und der Beschränkung der Macht der Monopole ein, deren historische Tendenz die langfristige Umgestaltung des kapitalistischen Gesellschaftsbildes ist.

Die hier in drei kurzen Thesen angedeuteten, die staatliche Wirtschaftspolitik bestimmenden Umstände sollten illustrieren, wie sehr die konkrete Kenntnis derselben für die Einschätzung der Rolle der bürgerlichen Theorien bei der Steuerung und Regelung ökonomischer Prozesse notwendig ist. Sie machen die komplizierte Situation (kapitalistische Verhältnisse bei dem heutigen Entwicklungsstand der Vergesellschaftung der Produktion und Notwendigkeit ihrer wirtschaftspolitischen Regulierung) deutlich, der sich die bürgerliche Ökonomie gegenübersieht und zeigt auch die Bedingungen, unter denen sie sich heute entwickelt. Mit der Durchsetzung der erwähnten historischen Tendenz muß offenbar mit ihrer weiteren Differenzierung in verschiedener Hinsicht gerechnet werden.

Auf einige wenige, sich aus dem bisher dargelegten ergebende Probleme möchten wir kurz verweisen:

a) Abgesehen von Theorien, die direkt bestimmte Interessen vertreten, ist auch jede scheinbar noch so neutrale oder objektive bürgerliche Theorie in dem Moment, in dem sie praktische Bedeutung erlangt oder praktisch angewandt wird, nicht Klassen- oder Interessenindifferenz. Das Besondere besteht dabei darin, daß die Privatinteressen aus den privatkapitalistischen Grundlagen der Produktion in zunehmenden Konflikt mit dem Maßstab der gesamtgesellschaftlichen Zusammenhänge geraten — was auch für die Entwicklung der bürgerlichen Theorien gleichsam zu einem Angelpunkt wird.

b) Andererseits ist die Anwendung oder praktische Benutzung bürgerlicher Theorien nicht schlechthin von objektiven Erfordernissen, sondern auch von ihrer Zweckmäßigkeit für die Durchsetzung bestimmter Interessen abhängig. (Hier ist auch zu beachten: Oftmals wird die praktische Bedeutung der bürgerlichen Theorien nur in ihrer Anwendung in der Wirtschaftspolitik gesehen. Tatsächlich spielen sie aber die größte Rolle in der Lieferung von Argumenten für die Auseinandersetzung zwischen verschiedenen Interessen, oder auch für den Staat, um mit ihren Thesen bestimmte, oftmals ganz andere als offiziell verkündete laufende Maßnahmen zu erklären, zu begründen, zu rechtfertigen). Daraus folgt auch, daß es, so wenig wie es schlechthin ein staatsmonopolistisches System gibt, in den einzelnen imperialistischen Ländern für die praktische Rolle bestimmter Theorien sehr unterschiedliche Bedingungen gibt. Dies liegt an den unterschiedlichen ökonomischen Verhältnissen, besonders aber an den unterschiedlichen gesellschaftlichen Kräfteverhältnissen und Herrschaftssystemen, die entsprechend ihrem Interesse auf diese Bedingungen reagieren. Neben anderen ergeben sich hieraus auch insofern Konfliktstoffe, als die in der bürgerlichen Literatur oftmals zu beobachtende kritische Einstellung zu wirtschaftspolitischen Maßnahmen, mehr oder weniger bewußt ein Konflikt mit der Entscheidung zugunsten dieser oder jener Interessen ist.

c) Vielerlei Schlußfolgerungen ergeben sich daraus für den Wahrheitsgehalt der bürgerlichen Ökonomie und dem daraus resultierenden Widerspruch zu ihren gesellschaftlichen Funktionen:

Praktische Bedeutung und Wahrheitsgehalt der bürgerlichen Ökonomie sind in dieser oder jener Form miteinander verbunden.

Andererseits sind beide objektiv mit der Wahrung bestimmter Interessen verknüpft.

Gleichzeitig hängt der Wahrheitsgehalt zunehmend mit den objektiven Erfordernissen der Vergesellschaftung der Produktion zusammen, die aber auch mit Entscheidungen für die Produzenten, für die Mehrheit der Bevölkerung verbunden sind und letztlich in einem Konflikt mit den privatkapitalistischen Interessen stehen.

Wir meinen, daß die hieraus resultierenden Konfliktstoffe in der Zukunft zunehmende Bedeutung erlangen und vielleicht auch zu schärferen Trennungslinien in der bürgerlichen Ökonomie führen werden.

d) Alle diese hier erwähnten Umstände, die wir aus dem die Wirtschaftspolitik bestimmenden grundlegenden Widerspruch ableiteten, zeigen deutlich, daß die für die Wirtschaftspolitik praktische Bedeutung erlangende bürgerliche Ökonomie den Systemfragen eine zunehmende Aufmerksamkeit schenken muß. Die tiefen Auswirkungen der vor sich gehenden Veränderungen in Produktion und

Verteilung auf Kapitalverhältnisse und Gesellschaftsstruktur machen diese Systemfragen, wenn wir von der gesellschaftlichen Funktion der bürgerlichen Ökonomie ausgehen, unweigerlich zu Zentralfragen.

Dabei haben diese Systemfragen nicht nur ideologische Bedeutung. Ob Johnsons „Große Gesellschaft", oder ob Erhards „Formierte Gesellschaft", in jedem Falle haben diese Theorien auch einen rationellen Kern, sollen reale Leitbilder der Politik und Wirtschaftspolitik sein. Weil die tatsächliche Entwicklung, die vor sich gehenden ökonomischen Veränderungen mit ihren sozialen und gesamtgesellschaftlichen Auswirkungen es für die Finanzoligarchie immer dringender werden lassen, langfristige Konzeptionen, ein zukünftiges Leitbild ihrer Gesellschaft auszuarbeiten, welches ihren Interessen entspricht, gesamtgesellschaftlich und soziale „Lösungen" ermöglicht und die für die Aufrechterhaltung des imperialistischen Systems entsprechenden allgemeinen politischen Aktionsmöglichkeiten schafft.

Ausgehend von den hier dargelegten Zusammenhängen, sind diese Konzeptionen notwendigerweise mit zunehmender Reaktion verbunden und zunehmend undemokratisch.

Während in der bisherigen bürgerlichen Ökonomie auf die auftauchenden Probleme oftmals erst im nachhinein reagiert wurde und die bürgerlichen Ökonomen ihre Problemstellungen erst im nachhinein auf neue Entwicklungen einstellten, führt die erwähnte historische Tendenz auch dazu, daß Literatur auftaucht, die auf kommende Fragen der gesellschaftlichen Entwicklung Antworten sucht. Wie die ganze bürgerliche Ökonomie sind auch diese Versuche sehr unterschiedlich und bieten je nach der ideologischen Position des Verfassers unterschiedliche Ergebnisse.

Die staatsmonopolistische Entwicklung bringt es mit sich, daß sich beispielsweise die bürgerlichen Parteien heute nicht mehr nur vorwiegend mit parlamentarischen und Wahlfragen beschäftigen können, sondern auch mit konkreten, oftmals detaillierten ökonomischen Programmen beschäftigen müssen. Die neuen Kampfbedingungen für die Arbeiterparteien und die Gewerkschaften erfordern konkrete Programme und Prognosen für die gesellschaftlichen Umwandlungen auch innerhalb des heute herrschenden kapitalistischen Systems. Letztere Bemühungen entsprachen den objektiven Entwicklungen, erstere versuchen, ein überlebtes System den objektiven Entwicklungen anzupassen. Beides übt erhebliche Wirkungen auf die Entwicklung der bürgerlichen Okonomie aus und ist mehr oder weniger ein neues Moment der praktischen Anforderungen an diese. Zunehmend entsteht eine Literatur, die dieser Problematik gewidmet ist. Dabei gibt es auch schon solche Erscheinungen, daß sich beispielsweise die SPD vor den Bundestagswahlen an eine große Zahl von Ökonomen wandte, um sich von ihnen Hinweise über die voraussichtlichen Entwicklungsprobleme der nächsten 10 Jahre geben zu lassen. Die Ergebnisse dieser Anfrage finden sich in dem sehr interessanten, von Lohmar herausgegebenen Buch „Deutschland 1975". Wir müssen damit rechnen, daß sich diese Entwicklung fortsetzen wird und die bürgerliche Ökonomie in der Auseinandersetzung mit den hier erwähnten Fragen eine wachsende Rolle spielen wird.

Für die marxistischen Ökonomen scheint hieraus folgende Schlußfolgerung von Bedeutung: Verstärkt haben sich die marxistischen Ökonomen mit jenen bürgerlichen Theorien beschäftigt, die konkrete, praktische Probleme zu lösen versuchen, oftmals auch unter dem Gesichtspunkt ihrer Ausnutzung für die

Westdeutschland steht gegenwärtig an der „Wende", an der Schwelle der Durchsetzung dieser Entwicklung. Die Finanzoligarchie beginnt sich auf diese Entwicklung einzustellen, sucht neue Wege und bereitet politisch und ökonomisch diese neue Entwicklung vor (für die deutschen Imperialisten ist dies die Frage, wie ihre politisch-ökonomische Konzeption unter den neuen Bedingungen durchgesetzt, wie die neuen Entwicklungen für diese ausgenutzt werden können). Die marxistische Analyse und Einschätzung dieser Entwicklungen steht ebenfalls erst am Anfang, was bei den folgenden Ausführungen berücksichtigt werden muß.

Die ökonomisch allem übergeordnete Frage ist die nach dem Wirtschaftswachstum unter den neuen Entwicklungen. Über die Bedeutung dieser Frage, die fast zu einem Fetisch in den ökonomischen und politischen Auseinandersetzungen unserer Zeit geworden ist, braucht in diesem Zusammenhang nicht gesprochen zu werden. Die sich abzeichnenden neuen Entwicklungen bringen tiefgreifende Wandlungen in der Gesamtsituation des Wachstums und erfordern entsprechende Umstellungen in der Wirtschaftspolitik. Wesentlich ist, daß sich jetzt die Auswirkungen der Einführung der neuen Technik *in ihrer ganzen Komplexität* durchzusetzen beginnen und weiteres Wachstum in breitem Umfange gesamtgesellschaftliche Lösungen erfordert. Wachstum unter den heutigen Bedingungen ist begleitet von tiefgreifenden, breiten und vielfältigen strukturellen Veränderungen, die langfristig für die weitere Entwicklung von entscheidender Bedeutung sind. Wachstum ist heute Strukturwandel in einem sehr umfassenden Sinne.

Nur stichwortartig soll auf einige Fragen dieser umfangreichen Problematik hingewiesen werden:

Die Grundlage für die Strukturveränderungen bildet die sich in letzter Zeit beschleunigt verändernde Industriestruktur mit ihren Veränderungen im Wachstum und in der Effektivität der Industriezweige.

Mit ihr verändern sich die Marktstrukturen sowohl durch Angebots- als auch durch Nachfrageverlagerungen.

Die sich vollziehenden Veränderungen haben wesentliche Konsequenzen für die Kapitalstruktur. Hierin finden die sich verändernden Bedingungen für die Kapitalanlage und Kapitalverwertung ihren unmittelbaren Ausdruck. Aus der Vielzahl sei nur auf die tendenziell sinkende Bedeutung der lebendigen Arbeit, auf die Veränderungen in der organischen Zusammensetzung des Kapitals, auf die Probleme des moralischen Verschleißes unter den veränderten Bedingungen, auf neue Anforderungen an die Kapitalwanderung und die Entwicklung der Konzentration und Zentralisation verwiesen.

Die Arbeitskräftestruktur unterliegt ebenfalls erheblichen Veränderungen, die sich aus der Notwendigkeit der Umschichtungen (räumlich und beruflich), den Anforderungen an den Ausbildungsstand und die Mobilität der Arbeitskräfte u. ä. ergeben und sich letztlich in der veränderten Stellung der Arbeiter im Produktionsprozeß äußert.

Wissenschaftlich-technische Revolution erfordert auf eine neue Art und Weise in steigendem Maße die Anwendung von „Wissenschaftskapital". Dies wird zu einer unmittelbaren Wachstumsfrage.

In welch breitem Maße sich die Auswirkungen der wissenschaftlich-technischen Revolution in den Vordergrund schieben, zeigt sehr anschaulich die Tatsache, daß die Probleme der sogenannten Infrastruktur für die Wirtschaftspolitik zunehmend zu einer Hauptfrage werden. Immer mehr tritt hervor, daß ihre Berücksichtigung zu einer unerläßlichen Bedingung des ökonomischen Wachstums wird. Verkehr, Raumordnung, Urbanismus, Sozialpolitik und Wissenschafts- und Ausbildungspolitik werden unmittelbar bestimmend für die weiteren Wachstumsmöglichkeiten. Dabei erweitert sich der Umfang all dieser Gebiete ständig, ebenso verändern sich die Gesichtspunkte, unter denen sie behandelt werden müssen. So haben beispielsweise die Aufgaben der Raumordnung, der Ballungszentren, der Industrieräume und deren Struktur längst den regionalen Maßstab innerhalb eines Landes und selbst die Ländergrenzen überschritten, ebenso wie sie immer enger mit allen anderen hier erwähnten (und noch mehr) Gebieten verbunden sind und immer langfristigere Lösungen erfordern. Oder: Sozialpolitik, Sozialaufgaben und -ausgaben können heute in zunehmendem Maße nicht mehr nur unter dem Gesichtspunkt der Hilfe für Not- und Härtefälle, der Vorsorge für das Alter u. ä. betrieben werden. Ihr Aufgabenbereich erweitert sich und ihre Betrachtung unter Wachstumsgesichtspunkten wird unerläßlich.

Nur angedeutet soll werden, daß mit der wissenschaftlich-technischen Revolution Probleme entstehen, die nicht nur schlechthin im Interesse des ökonomischen Wachstums gelöst werden müssen, sondern die unmittelbar die Lebens- und Existenzbedingungen der Gesellschaft betreffen. Man denke nur an die Tatsache, daß der Verbrauch an einem für das gesamte Leben so wichtigen Rohstoff wie Wasser ständig zunimmt, oder an die heute schon immer dringender werdenden Probleme der Luftverunreinigung. Von manchen neuen Produktionsverfahren ist heute noch gar nicht bekannt, in welchem Maße sie die physischen Lebensbedingungen verändern. Beispielsweise ist das Abfall- und Abraumproblem in vielem noch eine ungelöste Frage, z. B. ist, um hier nur auf eines der vielfältigen Probleme hinzuweisen, heute noch nicht bekannt, welche Auswirkungen eine Reihe von Abfallprodukten, etwa solche, die sich aus langen Molekularketten zusammensetzen, haben werden.

Es zeigt sich, daß sich der Maßstab der Akkumulation ständig erweitert, die Bereiche der Produktion, der Kapitalanlage ebenso ständig wachsen und ihr Zusammenhang sich verdichtet.

In der bürgerlichen Literatur wird heute davon gesprochen, daß die Investitionspolitik der Nachkriegszeit verfehlt gewesen sei, weil sich die Investitionen nur nach unmittelbaren Effekten, Profiteffekten orientierten. In diesen Einschätzungen kommt zum Ausdruck, daß sich die Wachstumsbedingungen verändert haben und Wachstum sich nicht mehr nur schlechthin in dem Zusammenhang Kapitalanlage—Kapitalverwertung vollziehen kann.

Von der wirtschaftspolitischen Seite betrachtet, verstärkt sich die Notwendigkeit und tritt als ganz konkretes Erfordernis auf: gesellschaftliche Wirtschaftsführung, langfristige, umfassende Berücksichtigung gesamtgesellschaftlicher Zusammenhänge, Planung auf vielen Gebieten. Zwangsläufig sind diese hier vom Standpunkt der Investitionen und des ökonomischen Wachstums erwähnten Tendenzen eng mit der Verschärfung alter und dem Entstehen neuer sozialer Konflikte verbunden. So ergibt sich schon aus vorstehenden kurzen Bemerkungen:

a) Die Bereiche des Kampfes um die Lebensinteressen und den sozialen Fortschritt erweitern sich. Sie reichen immer mehr über den unmittelbaren Zusammenhang zwischen Löhnen (und anderen Einkommen) und Lebensstandard hinaus. Ausbildung, Verkehrs- und Städtebau, Raumordnung, Umstrukturierung der Arbeitskräfte und die daraus folgende Problematik u. v. a. sind Fragen, die sich zwangsläufig der sozialen Problematik und Auseinandersetzung in der Gesellschaft zuordnen.

b) Die Entwicklung der modernen Produktionstechnik und -technologie, die zunehmend zur Veränderung der physischen Lebens- und Umweltbedingungen führt (wir erwähnten: Wasser, Luft, Abfall und Abraum) bringt eine zunehmende Einbeziehung dieser Probleme in die sozialen Auseinandersetzungen.

c) Der aus der wissenschaftlich-technischen Revolution resultierende „Reichtum der Gesellschaft", die sich mit ihr verändernde Stellung der Arbeitskräfte in der Produktion sowie die zunehmende Arbeitsteilung auf der einen Seite, die zunehmende Konzentration und Zentralisation, die wachsende Kapitalmacht, die heute überall durch die Rolle des Staates forciert wird, auf der anderen Seite, spitzen den Kampf um den Anteil am produzierten „Reichtum" zu.

Die unter a) und b) erwähnten Probleme erscheinen in Westdeutschland in den Auseinandersetzungen um die „Gemeinschaftsaufgaben", im Ringen um einen größeren Anteil für eine Art notwendiger „gesellschaftlicher Konsumtion".

Welchen gesellschaftlichen Maßstab diese Auseinandersetzungen erreicht haben, zeigt sich im Kampf — in Westdeutschland besonders durch Gewerkschaften — für Mitbestimmung in Staat und Wirtschaft, gegen Machtkonzentration und Beherrschung der Wirtschaft durch Monopole mit Hilfe des Staates, für gesamtgesellschaftliche Lösungen nach den Interessen der Produzenten — die mit den gesamtgesellschaftlichen Interessen übereinstimmen — in den Lösungen „Gemeineigentum", Schaffung eines demokratischen Sektors der Wirtschaft, Eigentumsbildung u. a., ebenso in den Forderungen nach sozialer Sicherheit, neuer Altersversorgung u. v. a.

Typisch für diese Entfaltung der Sozial- und Gesellschaftsproblematik der kapitalistischen Gesellschaft auf einer höheren Ebene ist ebenfalls:

a) der größere gesellschaftliche Maßstab der Konfliktsituation und die Notwendigkeit der Veränderung gesamtgesellschaftlicher Zusammenhänge zu ihrer „Lösung".

b) Damit die Zuspitzung des grundlegenden Konfliktes zwischen den gesellschaftlichen Erfordernissen, den Entscheidungen für die Mehrheit der Bevölkerung und den privatkapitalistischen Eigentumsgrundlagen in der Gesellschaft.

c) Dies drückt sich letztlich in einer Erweiterung des Konfliktes mit der gewachsenen Kapitalmacht der Monopole und ihrer Beherrschung der Wirtschaft aus. Gleichzeitig, da hierbei dem Staat eine wachsende Rolle zukommt, dehnt sich dieser Konflikt auf die Auseinandersetzung mit dem Staat, insbesondere auch mit seiner Wirtschaftspolitik aus. Hinzu kommt, und dies ist ein Aspekt von wachsender Bedeutung, daß die Berücksichtigung einer Reihe von sozialen Problemen nur durch den Einsatz des Staates möglich ist, d. h. diese sozialen Belange zwangsläufig ebenfalls zur Auseinandersetzung mit den staatlichen Machtverhältnissen und der aus ihnen resultierenden Politik führen.

Diese hier kurz erwähnten Gesichtspunkte, die natürlich vielfältige Aspekte haben, zeigen, daß die heutig Sozial- und Gesellschaftsproblematik sich nicht mehr nur in der Auseinandersetzung mit einzelnen Kapitalisten, in der Auseinandersetzung um einen größeren Anteil an deren Profit oder in der Auseinandersetzung mit der Kapitalmacht der Monopole erschöpft. Zwangsläufig entwickelt sich eine Tendenz, die die ökonomischen Fragen, die daraus resultierenden sozialen Probleme, auch zu staatlichen Fragen macht und gesamtgesellschaftliche Lösungen erfordert.

Die sich entwickelnden neuen Verhältnisse führen demnach gleichzeitig zu neuen Verhältnissen in der Auseinandersetzung der Interessen um die staatliche Wirtschaftspolitik.

Diese sich herausbildende neue Ebene der Einheit zwischen ökonomischen Bedingungen und Erfordernissen und der Sozial- und Gesellschaftsproblematik weist bereits auf eine dritte Seite dieses Zusammenhanges hin, der unter den neuen Bedingungen ebenfalls immer mehr mit der sich entwickelnden, die Wirtschaftspolitik bestimmenden Konfliktsituation zusammenwächst.

Es handelt sich um die Rolle der allgemeinen Außen- und Innenpolitik des Staates bei der ökonomischen Entwicklung. Die sich wesentlich über die staatliche Politik verwirklichende ökonomische Rolle des Staates im Prozeß der erweiterten Reproduktion, die selbst ein historisches Produkt der Situation ist, der sich das kapitalistische System heute gegenübersieht, muß zwangsläufig zu einem Verwachsen dieser Problematik mit der Gesamtpolitik des Staates führen. Dies bedeutet andererseits, daß bei der Beurteilung des heutigen Einflusses des Staates auf die Wirtschaft, besonders auch seiner Wirtschaftspolitik (und, was hier besonders interessiert, bei der Beurteilung der praktischen Bedeutung der bürgerlichen Theorien) diese Seite der Problematik, die in allen imperialistischen Ländern einen bestimmenden Einfluß ausübt, zu berücksichtigen ist. Man kann die ökonomische Rolle des Staates nicht zu einem Teilbericht machen, der mehr oder weniger losgelöst von der allgemeinen Rolle des Staates existiert.

Einige zusammenfassende Bemerkungen zur westdeutschen Situation sollen dies veranschaulichen:

In der schon zitierten Regierungserklärung Erhards wird als das Hauptproblem des gegenwärtigen Wachstums seine außen- und innenpolitische Sicherung angesehen. Daraus folgt logischerweise — die ganze Regierungserklärung steht unter diesem Aspekt — der Versuch der Unterordnung der gesamten ökonomischen und sozialen Bestrebungen unter dieses Ziel. Die Konzeption hierzu kann man in 3 Komplexen zusammenfassen, die wir stichwortartig mit heute in der öffentlichen Auseinandersetzung geläufigen Begriffen charakterisieren wollen:

a) Militarisierung, Rüstung, Mitverfügung über Atomwaffen, politisch-ökonomische Expansion in den Entwicklungsländern, Beibehaltung der Hallstein-Doktrin, Unterstützung aller antikommunistischen Bestrebungen, insbesondere „Aufweichung" des sozialistischen Lagers.

b) Notstandsgesetze, Zentralisierung der politischen Macht, Abbau der parlamentarischen und sonstigen Einflüsse gesellschaftlicher Kräfte auf die Regierungspolitik, insbesondere der der Gewerkschaften, Gleichschaltung der parlamentarischen Opposition u. ä.

c) Ausbau der enormen ökonomischen Stärke, weitere Forcierung der Entwicklung der modernen Produktionstechnik, besonders durch weitere Konzentration und Zentralisation und Strukturveränderungen, Erreichung dieses Zieles bei vorrangiger Verfolgung der innen- und außenpolitischen Zielsetzung durch „Maßhalten", „Mehrarbeit", Verhinderung weiterer Arbeitszeitverkürzung und weiteren Ansteigens der Sozialausgaben (bzw. deren Unterordnung unter die Wachstumsziele), unter der Losung „Marktwirtschaft" ökonomische Entscheidungen nach der — weitgehend durch den Staat geförderten — ökonomischen Stärke der handelnden Wirtschaftssubjekte.

Der Sinn und Zweck dieser Konzeption besteht, allgemein ausgedrückt, darin, den Widerspruch zwischen der bedeutenden ökonomischen Stärke und den beschränkten politischen Möglichkeiten zu überwinden, um dadurch neue ökonomische und politische (Wechselwirkung) Expansionsmöglichkeiten zu schaffen. Hierin sieht die gegenwärtige westdeutsche Regierung die Möglichkeit, das Kräfteverhältnis in der Welt zu ihren Gunsten zu verändern.

Zweifellos hat diese Gesamtkonzeption weitgehende ökonomische Konsequenzen. In anderen imperialistischen Ländern ist der Einfluß allgemeiner politischer Konzeptionen und Verhältnisse von nicht minder großer Bedeutung. Beispielsweise ist in den USA und in England die ökonomische Problematik des Landes, wie sie etwa in der Zahlungsbilanzsituation ihren Ausdruck findet, erheblich durch diese Umstände geprägt, ebenso wie die Wirtschaftspolitik dieser Länder auf ihrer Grundlage durchgeführt wird und Lösungen innerhalb dieser Konzeptionen sucht.

In Westdeutschland bestimmen diese Verhältnisse gegenwärtig weitgehend das wirtschaftliche Vorgehen. Wir glauben, dies mit einigen wenigen Hinweisen verdeutlichen zu können:

a) Die Anerkennung der besonderen Stellung Westdeutschlands im imperialistischen System durch die imperialistischen Partnerländer ist seit einigen Jahren vorüber. Die aus dieser besonderen Stellung resultierenden ökonomischen Vorteile (weniger Rüstung, weniger Belastung mit Ausgaben für politische und militärische Zwecke zur Erhaltung der „westlichen Welt", ökonomische Rücksichtnahme u. a.) sind damit verschwunden (oder im Schwinden begriffen). Auch in Westdeutschland werden die ökonomischen Auswirkungen der politischen und militärischen Bestrebungen der imperialistischen Länder zur Erhaltung des imperialistischen Systems voll wirksam. Hinzu kommt, daß sich die gegenwärtige westdeutsche Regierung voll auf die Seite der aggressivsten Kräfte stellt und die politische Zielstellung zum Hauptproblem macht.

Charakteristisch ist dafür das Bestreben der Bindung an die USA, was ökonomisch ebenfalls von erheblicher Bedeutung ist. In vielem entsteht hieraus für die Wirtschaftspolitik ein neuer Tatbestand, der z. B. von erheblichem Einfluß auf ihre Manövrierfähigkeit ist. Es kann nicht behauptet werden, daß dieser Tatbestand objektiv notwendig ist und sich aus ökonomischen Daten und Erfordernissen ergibt.

Heute zeigt sich diese, in manchem neue Situation, bereits in dem wachsenden, die Manövrierfähigkeit der Haushaltspolitik beschränkenden Block der Rüstungsausgaben, in den erheblichen, als Vorauszahlungen für Rüstungsgüter deklarierten Zahlungen an die USA und England zur Stützung der vor allem durch politisch-militärische Ausgaben ins Ungleichgewicht geratenden Zahlungsbilanz, durch steigende „Entwicklungshilfe", die, im Gegensatz zu früher, immer mehr nichtprofitable Kapitalanlagen einschließt, in steigenden Ausgaben, die unter Titeln, wie „Notstandsplanung", „Luftschutz", „Hilfe für Westberlin", „Bundesgrenzschutz" u. v. a. erscheinen.

b) Diese, durch die politische Konzeption der westdeutschen Regierung entstehenden neuen Bedingungen entwickeln sich unter Verhältnissen, unter denen sich gleichzeitig — wie vorher dargelegt — neue Maßstäbe in den Bedingungen des ökonomischen Wachstums und deren sozialer Problematik herauszubilden beginnen und ein zunehmendes Gewicht erlangen.

c) Dies führt zu einer Situation, in der zwangsläufig, auf Grund der zuerst geschilderten ökonomischen und sozialen Bedingungen und der dann erwähnten politischen Umstände, die Anforderungen wie eine Flutwelle auf den Staatshaushalt zukommen.

Das offizielle westdeutsche Haushaltsvolumen hat eine Höhe von ca. 135 Milliarden DM erreicht (hinzu kommen noch eine Reihe von Sondervermögen und Sonderfonds). Wichtiger ist hierbei jedoch, daß die Wachstumsraten der Staatshaushalte, trotz ständiger Beteuerungen diese zu beschränken, bei 10 und mehr Prozent liegen. Die hieraus entstehenden Folgen, die in allen imperialistischen Ländern zu den Generalfragen der Wirtschaftspolitik gehören, führten zu der Empfehlung des EWG-Rates, im Interesse der nationalen und internationalen Stabilität, keinesfalls Wachstumsraten des Haushaltes über 5 Prozent zuzulassen (wir führen dies nur als Hinweis auf die hier nicht behandelten wesentlichen internationalen Zusammenhänge an). Die Wachstumsraten der Staatskäufe und Staatsausgaben entwickelten sich schneller als die Wachstumsraten des Bruttosozialproduktes und des Nationaleinkommens. Hinzu kommt, daß auf Grund der sich verändernden Wachstumsbedingungen die Ist-Ausgaben der Haushalte höher als geplant liegen und die Gesamtausgaben in wachsendem Maße die Gesamteinnahme übertreffen. Das daraus entstehende Defizit beträgt gegenwärtig schon (offiziell, was durchaus nicht mit dem tatsächlichen identisch ist) über 8 Milliarden DM und hat eine steigende Tendenz.

Von ebenso großer Bedeutung ist, daß die Zwangsläufigkeit der sich aus den ökonomischen und politischen Umständen ergebenden Anforderungen in den Staatshaushalten und staatlichen Fonds zu einem „System starrer Blöcke" führt, so daß z. B. 80 Prozent des Bonner Haushaltes auf diese Art „festliegen", die nicht nur die Manövrierbarkeit beschränken, sondern auch Hauptdaten der Wirtschaftsentwicklung schaffen.

An diesen Zusammenhängen wird deutlich, wie die weitere Entwicklung des imperialistischen Systems zwangsläufig die „Staatstätigkeit" in dieser oder jener Richtung vermehrt. Ebenso zeigt sich augenfällig, daß wirtschaftspolitische Lösungen in jedem Falle mit politischen Lösungen verbunden sind. Politische Lösungen sind aber Fragen der Klassen- und Interessenauseinandersetzung. Die in diesen Zusammenhängen zum Ausdruck kommende neue Einheit zwischen Ökonomie und Politik und die daraus resultierende Einheit von politischen und ökonomischen Zusammenhängen im Reagieren der Wirtschaftspolitik auf diese, ist natürlich für die Arbeiterklasse und die antimonopolistischen Kräfte von enormer Bedeutung. Sie offenbart auch, wie wenig die Betrachtung unter einem isolierten Aspekt, etwa nur unter einem ökonomischen, die heutige Problematik des imperialistischen Systems zu erfassen vermag. Ganz allgemein kann man die sich aus den dargelegten Umständen ergebenden Situation damit charakterisieren, daß die von den herrschenden Kräften verfolgten Ziele und die wachsenden Anforderungen der erweiterten Reproduktion die realen ökonomischen Möglichkeiten übersteigen, oder, um einen gängigen Ausdruck der bürgerlichen Literatur zu gebrauchen, der gleichzeitig zeigt, wie formal die Probleme hier oftmals behandelt werden: Die Nachfrage übersteigt das Angebot. In diesen Zusammenhängen liegen gleichzeitig die Hauptursachen der sich gegenwärtig in Westdeutschland beschleunigt vollziehenden Inflationierung. Sie wiederum ist gleichzeitig ein konzentrierter Ausdruck dafür, daß die kurz skizzierte Situation sowohl das System, als auch das Wachstum in der Tendenz untergräbt.

Die Darlegung dieser Zusammenhänge sollte uns als Nachweis für die These dienen, daß mit der Herausbildung der neuen Entwicklungsbedingungen das Problem der „Stabilisierung" immer mehr zu einem Zentralproblem der Wirtschaftspolitik werden wird. Gleichzeitig sollten diese Zusammenhänge darauf verweisen, daß es dabei keinesfalls nur im formalen Sinne um eine „Stabilerhaltung des Geldwertes", Stabilisierung des Preisniveaus oder um verschiedene Geld-, Kredit- und Finanzfragen geht, wie es oftmals in der bürgerlichen Literatur dargestellt wird (andererseits gibt es in steigendem Maße auch eine Literatur, die sich der inhaltlichen Problematik, wenn auch oftmals umschrieben, sehr bewußt ist). Ebenso geht es im Kern auch nicht — um auf das allgemeine Problem der praktischen Bedeutung bürgerlicher Theorien zurückzukommen — um die Anwendung dieser oder jener Theorien oder dieser oder jener Methoden. Unsere Darlegungen sollten vielmehr zeigen, daß es in Wirkichkeit um tiefgreifende ökonomische, strukturelle, soziale, politische, letztlich um Systemfragen geht.

Auch bei der Stabilisierungsproblematik zeigt sich der heute alle Wirtschaftsprobleme durchdringende Widerspruch z. B. in folgender Gestalt: zwangsläufig tritt im Interesse der Erhaltung des Gesamtsystems die Stabilisierungsproblematik in vielfältiger Form in den Vordergrund. Andererseits ist und bleibt, entsprechend den Eigentumsgrundlagen des Systems, das Profitmotiv — wenn auch in manchem in veränderter Form — das die Wirtschaft bewegende Motiv. Sehr genau kann man nachweisen, wie die Einführung der neuen Technik, die Umwälzung der Produktionsstruktur u. ä. von ihm abhängt. Ebenso handelt es sich bei der breiten Palette staatsmonopolistischer Maßnahmen zur Regulierung der Produktion im Kern um Profitregulierungsmaßnahmen, weil letztlich die kapitalistische Produktionsweise nach wie vor nur auf den Profit reagiert. Offensichtlich stehen die Erfordernisse der Stabilisierung mit den Motiven der Produktion letztlich im Widerspruch. Daraus erklärt sich auch die oftmals zu beobachtende Abneigung der Kapitalbesitzer und -anwender gegen Stabilisierungsprogramme, die auf eine Restriktionspolitik hinauslaufen. Das Stabilisierungsproblem ist naturnotwendig immer mit der Durchsetzung von Interessen verbunden. Wenn Erhard z. B. verkündet, die Wirtschaftspolitik müsse der „Stabilerhaltung des Geldwertes" untergeordnet werden, so zeigen unsere Bemerkungen zur Grundkonzeption der Erhardregierung, worin deren Hauptbestreben zur Stabilisierung besteht, welchen Inhalt diese Stabilitätspolitik hat. Die Arbeiterklasse und die antimonopolistischen Kräfte verfolgen eine ganz andere Konzeption zur Stabilisierung, eine Stabilisierung in ihrem Interesse. Unter diesem Gesichtspunkte betrachtet, ist das Stabilitätsproblem in seinem inneren Gehalt ein Klassenproblem.

Gerade wenn man die inhaltliche Stabilitätsproblematik vom Standpunkt der Interessenkonflikte betrachtet, taucht ein weiteres wesentliches, die gesamte Wirtschaftspolitik ebenfalls beeinflussendes Problem auf. Der Gesamtzusammenhang, um dessen Darlegung wir uns bemühen, der heute für die ökonomische Rolle des Staates charakteristisch ist, und die Rolle der Klassen- und Interessenauseinandersetzung in ihm offenbart eine weitere Begleiterscheinung der Entwicklung der ökonomischen Rolle des Staates, die ständig als Tendenz vorhanden ist. Wir meinen, die mit dieser Entwicklung parallel verlaufende Tendenz zur Zentralisierung der für den Einfluß auf die Wirtschaft entscheidenden politischen Macht (die auch eine Tendenz zur Zentralisierung ökonomischer

Macht beim Staat einschließt oder von ihr begleitet ist). Gerade der hier zumeist behandelte Gesichtspunkt der Politik der Interessen verdeutlicht, wie aus politischen, ökonomischen und sozialen Gründen die Entwicklung des staatsmonopolistischen Kapitalismus eine Tendenz zum Abbau der Demokratie und eine Zentralisierung der politischen Gewalt enthält. Zu bemerken ist, daß sich diese neben anderen schon aus der Natur der Sache ergibt. Staatstätigkeit und Wirtschaftstätigkeit und -ablauf sind zwei, zunächst durchaus nicht konforme Dinge. Die ökonomische Rolle des politischen Machtapparates ist heute zwar eine unabdingbare Notwendigkeit, aber der Staat ist gleichzeitig als politischer Überbau ein Instrument, welches durchaus nicht den Kapitalverwertungsmechanismus und seinen Bedürfnissen und Bewegungen adäquat ist. Im Grunde genommen wirkt er „außerhalb" der inneren Zusammenhänge der ökonomischen Beziehungen und verwirklicht seine Rolle von „außen" her, mit Hilfe der Politik. Tatsächlich ergeben sich hieraus für die praktische Wirtschaftspolitik — ebenso auch für die Einführung und Wirksamkeit bestimmter Theorien — eine Fülle von Problemen. Zur Erläuterung sei nur auf einige stichwortartig hingewiesen:

Die staatliche Machtausübung ist sowohl regional (in Westdeutschland „föderalistisch") wie institutionell nicht einheitlich, sie ist nach staatlichen (oftmals im Gegensatz zu den ökonomischen) Gesichtspunkten gegliedert, Traditionen spielen eine erhebliche Rolle, parlamentarische und administrative Durchführung laufen nicht parallel. Der Mechanismus der Gesetzgebung verläuft anders als die sich oftmals sehr schnell ändernden Bedürfnisse und Verhältnisse, z. B. läuft die Haushaltsdurchführung und *staatliche* Haushaltsrechnung oft in eine andere Richtung und ist anderen Gesichtspunkten unterworfen, als es die tatsächlichen ökonomischen Funktionen der Haushalte und ihre Auswirkungen erfordern. Auch aus diesen, praktisch eine erhebliche Rolle spielenden Tatsachen, wird der Ausweg in einer Verstärkung der Diktatur, besonders eine Ausschaltung parlamentarischer, traditioneller und staatlicher Wege gesucht.

Durch all diese, die Wirtschaftspolitik bestimmenden Umstände gerät die sich mit praktischen Problemen beschäftigende bürgerliche Theorie in eine sehr zwiespältige Lage. Sie bemüht sich um die Verarbeitung von ökonomischen Daten zum Zwecke ihrer Regulierung (schon hierbei entsteht natürlich das Problem der Offenlegung der diese regelnden gesellschaftlichen Beziehungen). Die tatsächliche Regulierung, die praktische Einführung solcher Theorien, ist aber letzlich eine Klassen- und Interessenfrage und erfolgt im Raum der sich verdichteten dargelegten Gesamtzusammenhänge, innerhalb der die ökonomische Regulierung sich verwirklicht. Dies bedeutet, daß die Einführung bürgerlicher Theorien nicht, oder besser nicht vorwiegend, von ihrem wissenschaftlichen Gehalt abhängig ist. Ebenso verwandelt sich jede scheinbar noch so neutrale oder objektive bürgerliche Theorie bei ihrer praktischen Verfolgung in eine ökonomische, soziale und politische Interessenfrage.

Zwangsläufig entwickelt sich damit ein Zusammenhang: je größer der Zwang zu Entscheidungen in diesem Raum ist, um so größer wird die praktische Bedeutung bürgerlicher Theorien und der Zwang zur Ausarbeitung praktikabler Theorien. Dies sind sowohl ökonomische, als auch soziale und politische Entscheidungen, die letztlich immer mit Systemfragen verbunden sind. Wir meinen, daß auch hieraus mit einer weiteren Differenzierung der bürgerlichen Theorien zu rechnen ist und im weiteren Verlauf auch damit, daß dabei auch

Über den Mechanismus des gegenwärtigen Zyklus*)

S. Menschikow

Das forcierte Tempo des wissenschaftlich-technischen Fortschritts in den entwickelten kapitalistischen Ländern ist einer der wichtigsten Faktoren des ökonomischen Geschehens der letzten zehn Jahre. Unter den wichtigsten strukturellen Veränderungen der Wirtschaft, die mit der wissenschaftlich-technischen Revolution verbunden sind und den Zyklus beeinflussen, treten besonders die folgenden hervor:

1. Veränderung der Wechselbeziehungen zwischen sogenannten alten und neuen Zweigen der Industrie.
2. Auftreten einer Reihe neuer, mit der Dynamik der Erneuerung des Grundkapitals verbundener, zusätzlicher materieller Bedingungen für die zyklische Bewegung der Reproduktion.
3. Die Erhöhung der Effektivität der Kapitalanlage und die Verkürzung der Wirkungsdauer der Grundfonds.
4. Die Entwicklung der nichtproduktiven Sphäre der Volkswirtschaft.

Alte und neue Zweige

Dem Kapitalismus der freien Konkurrenz und in bedeutendem Maße auch der Anfangsperiode des Monopolkapitalismus entspricht ein Stadium der großen Maschinenindustrie, bei welchem die Bestandteile der Industrieproduktion relativ unkompliziert sind und sich in ihrer Mehrzahl auf eine beschränkte Anzahl von Zweigen verteilen. Die Überproduktion in einigen von ihnen rief eine Krise in der ganzen Wirtschaft hervor.

In dem Maße, wie die Entwicklung neuer Zweige voranschritt, verringerte sich der Anteil der traditionellen alten. Sie bleiben aber in bedeutendem Maße Überproduktionsherde, jedoch hat die Entstehung von Krisen in ihnen nicht immer eine gesamte Industriekrise zur Folge. Ein größerer oder kleinerer Kreis neuer Zweige wird nicht nur nicht der Krise unterworfen, sondern gedeiht sogar in dieser Periode und zwar auf Kosten der alten Zweige und ruft manchmal sogar eine Krise in diesen hervor.

Die in den letzten zehn Jahren entstandenen neuen Zweige kann man in drei Arten ihrer Abhängigkeit und Teilnahme am zyklischen Prozeß einteilen. Erstens die Zweige, die scharfen zyklischen Schwankungen unterworfen sind und diese ihrerseits hervorrufen und verstärken (Automobilindustrie, Haushaltselektrogeräte, der Teil des Maschinenbaus für Industriebedarf). Zweitens die Zweige,

* Fortsetzung des in „Weltwirtschaft und internationale Beziehungen" Nr. 4/66 erschienenen Artikels, dessen Übersetzung wir in „Konjunktur und Krise", Heft 3/66 brachten.

die durch die Bildung des staatlichen Marktes entstanden und sich hauptsächlich auf diesen orientieren (Rüstungsindustrie). Drittens die Zweige, die entsprechend dem Charakter ihrer Produktion zu direkten Konkurrenten der alten Zweige und deren Entwicklung werden und sie verdrängen (Chemie, synthetische Fasern, Elektroenergie, Gas, teilweise Erdöl und Erdölprodukte).

Die erste Gruppe wird danach in das allgemeine zyklische Bild eingestuft, wie lange die Etappe der ursprünglichen Sättigung des Marktes dauert.[1] Die zweite Gruppe zeigt eine große Widerstandsfähigkeit und eine relative Unabhängigkeit gegenüber dem Zyklus, obwohl die Revolution im Militärwesen das Gleichgewicht in der Nachfrage nach ihren Produkten bedeutend untergräbt. Die dritte Gruppe führt in der Periode der Krise einen zusätzlichen Schlag gegen die alten Zweige und kommt in vielen Fällen selbst verhältnismäßig günstig davon, so daß sie ihre eigene Entwicklung in genügend hohem Tempo fortsetzen kann.

Heutzutage gibt es, wie auch früher, in jedem beliebigen kapitalistischen Land Zweige, die sich schnell entwickeln und Zweige, deren langsame Entwicklung in chronische Stagnation und Krise übergeht. Z. B. beeinflußt die Entwicklung der Produktion synthetischer Fasern das Zurückbleiben der Baumwoll-, Woll- und Seidenindustrie; das Wachstum der Erdöl- und Gasproduktion sowie der Elektroenergie hemmt die Kohleindustrie; die Produktion neuer Metalle und Baumaterialien entzieht den traditionellen Zweigen der Metallurgie und der Baustoffe ihre potenziellen Märkte; die Entwicklung des Auto-, Flugzeug- und Rohrleitungstransports verurteilt solche alten Transportzweige wie Eisenbahnen und Binnenschiffahrt zur Stagnation.

Eine zweite Besonderheit der neuen Zweige besteht in dem ständigen Übergang zu neuen Produktionsformen, die neue Bedürfnisse und damit die Erhöhung der Nachfrage hervorbringen. Das stärkt ihre Widerstandsfähigkeit gegenüber der Krise.

In der Periode der wissenschaftlich-technischen Revolution wächst die Anzahl der neuen Zweige und Produktionsarten ständig an. Diese stabile Tendenz wird sich offenbar in den nächsten zehn Jahren erhalten. Deshalb erscheint das Bild der Entwicklung einer Überproduktionskrise sehr vielseitig und ist nicht mehr so einheitlich wie früher.

Abgesehen davon, entsteht mit der Zunahme des Anteils der neuen Zweige gesetzmäßig eine zweite, zusätzliche materielle Basis der Zyklizität der kapitalistischen Reproduktion. Am frühesten ging das in den USA vor sich, wo in den zwanziger Jahren unseres Jahrhunderts eine Massenproduktion langlebiger Gebrauchsgüter einsetzte und sich anschließend die Produktion des individuellen Wohnungsbaus, berechnet auf Massenabsatz, entfaltete.

[1] Diese Zeitspanne ist für die verschiedenen Zweige und sogar für einen und den anderen in verschiedenen Ländern unterschiedlich. In den USA entstanden neue Zweige in der Regel früher und übten weniger Einfluß auf den Zyklus nach dem 2. Weltkrieg aus. In Westeuropa wurde ihr Entstehen verzögert. Dieser Umstand erklärt an und für sich schon den unterschiedlichen Charakter der Entwicklung des zyklischen Mechanismus in Westeuropa und den USA in der Nachkriegsperiode. In dem Maße, wie Westeuropa und Japan die Struktur der Industrieproduktion der USA einholen, wird der Charakter ihrer zyklischen Entwicklung sich bei sonst gleichen Bedingungen in der Tendenz annähern.

Die Rolle der langlebigen Gebrauchsgüter in der Konsumtionssphäre ist vergleichbar mit der des fixen Kapitals in der Produktion. Diese Waren verlieren ihren Wert im Verhältnis zu ihrem Verschleiß, jedoch dienen sie dem Gebrauch in vollem Maße bis zu dem Moment, wo ihre teilweise Reparatur nicht mehr ausreicht und ihr Ersatz durch neue, gleichartige Waren notwendig wird. Auf diese Weise gibt es auch hier, wie in der Sphäre des fixen Kapitals, die im Kapitalismus auf eine Krise folgende spontane Welle einer massenhaften Erneuerung der Grundfonds sowie Perioden plötzlicher und umfangreicher Warenanhäufung infolge relativer Übersättigung der Haushaltungen.

Die Zweige der Produktion langlebiger Gebrauchsgüter haben für ihre notwendigen Rohstoffe und Materialien die gleichen Lieferanten wie die Zweige der Produktionsmittelindustrie. Deshalb verschärft sich auf einem bestimmten Entwicklungsniveau der Massenproduktion dieser Waren unvermeidlich die Labilität der Industrie und des Bauwesens und hat eine Neigung zu zyklischen Schwankungen zur Folge.

Die folgende Tabelle 1 ist in vieler Hinsicht für unsere Analyse ungenügend. Die Angaben über den Nichtwohnungsbau sind nicht vom Wert der Bauten der nichtproduktiven Sphäre bereinigt. Beim Wohnungsbau ist der Bau von Eigenheimen und Miethäusern eingeschlossen. Die Zusammenfassung der dauerhaften Gebrauchsgüter widerspiegelt nicht die wesentlichen Veränderungen ihrer Struktur. Alles das bringt nicht richtig den wachsenden Anteil der Massenproduktion langlebiger Konsumgüter und des individuellen Wohnungsbaus zum Ausdruck.

Tabelle 1

Anteil einiger natürlicher Wachstumskomponente am Bruttosozialprodukt der USA

nach Abzug der Dienstleistungen und staatlichen Käufe, Durchschnitt der angegebenen Periode, in Prozent)

	1887—1896	1922—1931	1953—1962
1. Langlebige Konsumgüter	10,5	13,5	16,8
2. Privater Wohnungsbau	10,5	7,0	7,3
3. Grundfonds der Haushaltungen (1+2)	21,0	20,5	24,1
4. Langlebige Produktionsmittel	7,0	10,0	9,5
5. Privatbauten (ohne Wohnungsbau)	13,0	8,0	6,8
6. Grundfonds zu Produktionszwecken (4+5)	20,0	18,0	16,3
7. Anteil der aktiven Grundfonds (1+4)	17,5	23,5	26,3
8. Anteil der passiven Grundfonds (2+5)	23,5	15,0	14,1
9. Grundfonds insgesamt (7+8)	41,0	38,5	40,4

Berechnet nach: „Historical Statistics of the United States. Colonial Times to 1957", Washington, 1961, pp. 143—144; „Statistical Abstract of the United States", 1965, p. 324. Die in der amerikanischen Statistik verwandte Kategorie des Bruttosozialprodukts (im folgenden von Dienstleistungen bereinigt) widerspiegelt, wenn auch nicht ganz genau, dennoch das gesellschaftliche Produkt in seiner marxistischen Bedeutung. Im weiteren Verlauf des angeführten Artikels wird diese Kategorie in diesem Sinne gebraucht.

Anhand dieser Tabelle kann man aber auch auf folgende wesentliche Tendenzen schließen: a) die allmähliche Erhöhung des Anteils der Grundfonds der

Haushaltungen[2] bei allmählicher Verringerung des Anteils der Grundfonds der Produktionssphäre; b) bedeutendere Zunahme des aktiven, sich schneller erneuernden Anteils der Grundfonds und Verringerung des sich in längeren Zeiträumen erneuernden Teils; das Vordringen des aktiven Teils der Fonds der Haushalte basiert auf ihrer höchsten Bedeutung unter den vier Elementen, auf die sich die Untersuchung bezieht.

Die in Tabelle 2 angeführten Berechnungen erhärten die oben aufgezeigte Tendenz. Die Grundfonds der Haushaltungen übersteigen im Verlauf der ganzen angeführten Periode annähernd 1,5 bis 1,6mal die Grundfonds der Produktion, des Transports, des Handels und des Post- und Fernmeldewesens. Es ist interessant, daß der Anteil langlebiger Konsumgüter an den Grundfonds der Haushaltungen nach den angeführten Angaben von 18% im Jahre 1900 auf 24% im Jahre 1929 anwuchs und 1957, sich fast nicht verändernd, 26,5% ausmachte. Das erklärt sich daraus, daß die Periode des schnellsten Anstiegs der sich in persönlichem Besitz befindlichen Einfamilienhäuser nach dem zweiten Weltkrieg liegt, was die bedeutende absolute Erweiterung des aktiven Teils der Fonds kompensierte.

Tabelle 2

Bewegung des Wertes der Grundfonds in der Wirtschaft und den Haushaltungen der USA (in Md. Dollar)

	1900	1929	1957
„Nichtfinanzielle "Körperschaften			
Gebäude und Anlagen	—	—	192,4
Ausrüstungen	—	—	140,4
insgesamt (mit Boden)	18,3	99,3	395,8
Haushalte der Stadtbevölkerung			
Gebäude und Anlagen	16,3	85,0	354,5
Langlebige Konsumgüter	5,2	38,4	159,6
insgesamt (mit Boden)	29,1	157,6	601,6

Quelle: R. W. Goldsmith, R. E. Lipsey, M. Mendelson, Studies in the National Balance Sheet of the United States. Princeton, 1963, Vol. II, pp. 119, 124, 141, 146.

Das unbeweglichste Element der Anlage in Grundfonds der Haushaltungen ist der Ankauf von Personenwagen. Im Jahre 1955 besaßen auf dem Höhepunkt der Konjunktur 29% der amerikanischen Familien ein Auto, im Krisenjahr 1958 22%. Die Schwankungen wären noch bedeutender ohne die relative Stabilität der persönlichen Einkommen der Bevölkerung, hervorgerufen durch das nominelle Wachstum der Löhne, durch die unbedeutende Verringerung der Einkommen in der Nichtproduktionssphäre und durch die breite Bewegung der Ratenkäufe. Die Abzahlungsschulden der Haushalte wuchsen von 10% des Wertes der sich in ihrem Eigentum befindlichen langlebigen Konsumgüter im Jahre 1900 auf 17% im Jahre 1929 und auf 27% im Jahre 1957.

[2] Die Kategorie der „Grundfonds der Haushaltungen" ist unserer Meinung nach genau so gesetzmäßig wie die breit angewandte Kategorie der „Grundfonds der Nichtproduktionssphäre".

Unter sonst gleichen Umständen muß das Entstehen zusätzlicher materieller Grundlagen der zyklischen Bewegung die Schwankungen der Überproduktionskrisen bedeutend verstärken. Das war auch in der Zeit von 1929—1933 der Fall. Die Dynamik der Erneuerung der Grundfonds der Haushaltungen und der Industrie fällt zeitlich jedoch nicht immer zusammen. Die mit dem Wachstum des staatsmonopolistischen Kapitalismus verbundene Einmischung nichtzyklischer Faktoren und das Verwischen zyklischer Schwankungen durch die gleichzeitige Erneuerung in beiden Sphären, bewirken eine solche Nichtübereinstimmung in immer häufigerer Folge, so daß sie ihrerseits das Bild der allgemeinen zyklischen Bewegung modifizieren.

Trotzdem kann die Erneuerung der Grundfonds der Haushaltungen nicht vollständig der staatlich-monopolistischen Planung untergeordnet sein. Wenn der Markt in Westeuropa zu Dimensionen, vergleichbar den amerikanischen, ausgeweitet wird, muß sich auch die zyklische Bewegung der Reproduktion hier schärfer ausprägen.

Das Grundkapital in der Nichtproduktionssphäre

Die wissenschaftlich-technische Revolution trug viele neue Züge auch in die zyklische Bewegung des industriellen fixen Kapitals hinein.

In früheren Zeiten haben neue Industriebauten immer nur einen Teil, zudem den kleineren Teil der Industrie erfaßt. Die Krisen beseitigten die Widersprüche zwischen der angreifenden, die Überproduktion hervorrufenden neuen und der sich verteidigenden alten Technik, der Achillesferse der in den Krisenjahren untergehenden Betriebe.

Heutzutage hat sich die Zeitspanne für die Erneuerung der Ausrüstung infolge des verstärkten moralischen Verschleißes merklich verringert. Die Zeit für den Aufbau und die Anpassung neuer Betriebe wurde verkürzt, ebenso die Erfüllung der Aufträge für Ausrüstungen und deren Montage. In der Regel wird die alte Ausrüstung durch vollkommen neue, bedeutend effektivere Maschinentypen ersetzt. Der Ersatz vieler Waren des individuellen und produktiven Bedarfs durch neue Modelle, die Einführung ständig neuer Produkte in die Produktion erfordert jährlich, auch in Krisenjahren, große Kapitalanlagen. Der moralische Verschleiß wird von den Monopolen in der Regel im voraus, durch Erhöhung der früheren Normen der Amortisationssätze berechnet.

Infolge der genannten Ursachen erscheinen die Produkte neuer Betriebe und Maschinen schneller auf dem Markt als früher. Hieraus leitet E. Varga die These von einer bedeutenden Verkürzung der Dauer der gegenwärtigen Zyklen ab. Das wäre jedoch nur unter der Annahme richtig, daß der Zeitraum der hohen Anlagen in fixem Kapital mit dem Zeitpunkt des Aufbaues zusammenfällt. In Wirklichkeit wird der erstere infolge einer Reihe von Ursachen in die Länge gezogen. Die Intensität des technischen Fortschritts erfordert eine große Breite, Massenanwendung und Intensität der Erneuerung der verfügbaren Produktionskapazitäten, seine Ausdehnung auf den größten Teil der Industriebetriebe. Der systematische Ausstoß neuer Modelle und neuer Produktionsarten erstreckt sich auch auf die Zeit der Modernisierung des fixen Kapitals. Infolge dieser entgegenwirkenden Tendenzen *verkürzt sich nicht der gesamte Industriezyklus, sondern bloß die Belebungsphase. Dafür wird die Aufschwungphase anhaltender.*

Insofern sich die Maßstäbe der Überproduktion von Waren verkürzten und die Krisen nicht von allgemeinen Preisrevolutionen begleitet sind, müßten sich die Stimuli zur nachfolgenden Erneuerung des fixen Kapitals verringern, weil sich auch der moralische Verschleiß als ungenügend offenbart hätte. Hieraus erklärt sich auch die Konzeption, daß weniger tiefe Krisen zu einem weniger bedeutenden Aufschwung führen müsse. In Wirklichkeit wird sogar bei unveränderten oder leicht sinkenden Marktpreisen der beschleunigte moralische Verschleiß von der hohen Intensitität des technischen Fortschritts bestimmt, was sich auch darin äußert, daß die ältesten, am wenigsten effektiven Elemente des fixen Kapitals stillgelegt werden. Da dieses innerhalb großer Truste und Konzerne vor sich geht, bedeutet die teilweise Schließung der Betriebe in der Regel nicht den Bankrott und daher auch nicht den Verkauf entwerteter Anlagen. Entweder wird radikal modernisiert oder die alten Anlagen verschrottet. Diese beiden Methoden verändern wesentlich den Verlauf der Krise. Die Rekonstruktion geschlossener Betriebe unterstützt die Nachfrage nach Ausrüstungen und Arbeitskräften in der Zeit der Krise und begünstigt dadurch deren Bewältigung. Wenn eine Entscheidung über den Abbruch von Ausrüstungen, Betrieben usw. ohne deren Rekonstruktion gefaßt wird, so erhöht sich dadurch bedeutend die Konkurrenzfähigkeit des gegebenen Unternehmens und schafft gleichzeitig günstige Bedingungen für die Überwindung der Krise. Im Ergebnis dessen *verkürzt sich nicht nur die Krisen-, sondern auch die Depressionsphase.* Dieses Verhalten der Truste in finanzieller Hinsicht ist nur infolge der Planung des beschleunigten moralischen Verschleißes und der rechtzeitigen Schaffung eines Amortisationsfonds durch erhöhte Abschreibungen möglich.

Die Konzeption eines unvermeidlich abklingenden Wachstumstempos der Produktion infolge Verringerung der Kapitalintensität der Produktion erfüllte sich im letzten Jahrzehnt nicht deshalb, weil diese Verminderung nicht stattgefunden hätte, sondern weil sie von einer intensiveren Erneuerung des fixen Kapitals überdeckt wurde.[3]

Bei bedeutend zugenommener Kapitalübertragung hat sich der Anteil des Bruttoanlagekapitals am Endprodukt der USA 1957 im Vergleich zu 1929 fast nicht verändert. Indessen zeigt die intensivere Erneuerung des fixen Kapitals in den Nachkriegszyklen im Vergleich zu früheren Zeiten eine wesentliche Verkürzung der mittleren Arbeits- und Lebensdauer.

Die allgemeine Rentabilität der neuen Anlagen kann sich infolge von Ursachen, die nicht in direktem Verhältnis zur Effektivität der Ausrüstungen stehen, verringern. Das Tempo der Modernisierung kann unter dem Mangel an finanziellen Mitteln leiden. Die auf der Akkumulation erhöhter Grundfonds beruhende Möglichkeit des Ersatzes des moralisch veralteten fixen Kapitals ist in Wirklichkeit in den Krisenjahren weit davon entfernt, so glatt vor sich zu gehen.

Die großen Amortisationsfonds nach dem zweiten Weltkrieg entstanden erst allmählich. Die amerikanischen Monopole schufen sich erst zu Beginn der

[3] Erläutern wir das anhand eines Beispieles: Wenn eine Maschine im Laufe der ganzen Zeit ihrer physischen Tauglichkeit, z.B. 15 Jahre, ein Produkt gleich ihrem Wert schafft, so stellt sich die Rückerstattung des in ihr angelegten Kapitals auf 15:1. Wenn sie innerhalb von 7 Jahren durch eine neue, doppelt so produktive Maschine ersetzt wird, so beträgt die Produktion beider Maschinen in 15 Jahren 23 Einheiten, während sich der Rücklauf des in sie investierten Kapitals auf 11,5:1 verkürzt.

sechziger Jahre solche Amortisationsfonds, die eine breite Erneuerung der moralisch verschlissenen Ausrüstungen bereits während der Krise erlaubten. In den fünfziger Jahren war die Intensität der Modernisierung noch weit von den durch den technischen Fortschritt erschlossenen Möglichkeiten entfernt. Der moralische Verschleiß ging in den Jahren 1958 bis 1962 schneller vor sich als die Modernisierung, womit eine neue, mächtige materielle Kraft für einen neuen zyklischen Aufschwung geschaffen wurde. Die Maßnahmen der Regierung zur Förderung der beschleunigten Amortisation und zur Verminderung der Steuern auf Profite trugen dazu bei, daß dieser Aufschwung in den Jahren 1964 bis 1965 Realität wurde.

Hieraus lassen sich einige Schlußfolgerungen über den Mechanismus des modernen Zyklus ziehen.

Erstens ist es klar, daß selbst bei einer anhaltend hohen, wenn auch im Vergleich zum erreichbaren Maximum verminderten Kapitalanlage in den Jahren einer ungünstigen Konjunktur ihr Umfang bei dem heutigen hohen Tempo des technischen Fortschritts für die Aufrechterhaltung des Produktionsapparates auf einem adäquaten technischen Niveau durchaus ungenügend sein kann. Obwohl auch solche Perioden ohne tiefe Krisen, ohne scharfe Preisstürze vorkommen können, schaffen sie doch allmählich die materielle Basis für einen ernsthaften zyklischen Aufschwung.

Zweitens: Die Grundlage für den zyklischen Aufschwung wird ungeachtet einer bedeutenden und sogar zunehmenden Überakkumulation des fixen Kapitals geschaffen. Das Letztere kann in zwei Formen existieren: in Gestalt nichtbeschäftigter alter Ausrüstungen, die in Reserve gehalten werden, und in Form nichtbelasteter neuer Ausrüstungen, die technisch vollkommen konkurrenzfähig sind.

Die erste Form der Überakkumulation, die im Verlaufe einer gewissen Zeit getätigt wird, erschöpft sich schließlich von selbst; die Ausrüstungen werden endgültig abgeschrieben und hören auf zu existieren. Ihre gewaltsame Liquidierung bildet keine große Gefahr für deren Eigentümer, da sie sowieso schon amortisiert sind.

Die zweite Form der Überakkumulation ist gefährlicher, weil neue Ausrüstungen sich noch rentieren müssen. Solange die zweite Form die Hauptform der Überakkumulation bleibt, verhindert sie die Entfaltung eines neuen zyklischen Aufschwungs. Nur wenn die Erhöhung der Abschreibungsnormen mit der Zeit deren Umwandlung in die erste Form der Überakkumulation erlauben, können sich die Kräfte des Aufschwungs auch ohne eine tiefe Krise entfalten.

Die Sache ist bedeutend komplizierter in Bezug auf die passiven Elemente des fixen Kapitals, Gebäude und Anlagen. Nur dort, wo die physische Notwendigkeit zur Schaffung neuer Bauten besteht, werden Industriebauten auf hohem Niveau errichtet. Wenn das Wachstum der Produktionskapazitäten durch die Einführung neuer Ausrüstungen oder durch deren rationellere Unterbringung in schon bestehenden Gebäuden erreicht werden kann, bleibt der Umfang der Bauten niedrig und ist kein wichtiger Grund für das zyklische Wachstum. So waren es in der USA in der ganzen Nachkriegsperiode nur drei Jahre (1946, 1956 und 1957), in denen der physische Umfang der Industriebauten das Niveau des Jahres 1929 überschritt.

Im Gegensatz dazu bestimmte in Westeuropa und Japan die Notwendigkeit der Errichtung neuer Produktionszweige das hohe Niveau des industriellen

Aufbaus. Mit der Annäherung an die amerikanische Produktionsstruktur sinkt aber der Bedarf an Bauten, was sich im allgemeinen Niveau der Kapitalanlagen widerspiegelt.

Schließlich bstimmt die wachsende Produktivität der Grundfonds in steigendem Maße die sinkende Rolle der industriellen Kapitalanlagen als eines Faktors des zyklischen Aufschwungs. Der spontane Mechanismus der kapitalistischen Reproduktion ist nicht in der Lage, mit der Verschärfung der Widersprüche, die durch diese Gesetzmäßigkeit hervorgerufen werden, fertig zu werden.

Eine der wichtigsten Strukturveränderungen in der kapitalistischen Reproduktion ist die sich verstärkende und in bestimmtem Maße neue Rolle der sogenannten nichtproduktiven Sphäre. Da die Rolle des Staates schon weiter oben behandelt wurde, wird hier vor allem von der privaten nichtproduktiven Sphäre die Rede sein.

Ihr Einfluß auf die Veränderung des Zyklus stellt sich als ein nicht unbedeutender Faktor dar. Die private nichtproduktive Sphäre hatte schon in den Jahren 1929 bis 1930 einen wesentlichen Anteil am Bruttosozialprodukt der USA und Englands, der sich sogar in der Krise nicht verringerte. Sie war damals ebenso wie die produktive Sphäre, den Angriffen der Krise ausgesetzt und erwies sich als ein nicht unbedeutender Amortisator.

Die Besonderheit der privaten nichtproduktiven Sphäre besteht darin, daß die in ihr angewandten Arbeitsmittel und die ausgebeutete Arbeitskraft nicht bei der Schaffung neuer materieller Erzeugnisse mitwirken und dadurch auch nicht Ursache der Überproduktion von Waren sind, obwohl sie deren Entstehung fördern oder hemmen können. Gleichzeitig wurde die nichtproduktive Sphäre zum wichtigen Abnehmer der Produktion beider Abteilungen der gesellschaftlichen Produktion; weshalb ihre Entwicklung auch erlaubt, bedeutend höhere Leistungen zu bringen, als die produktive Sphäre selbst benötigt.

Das Wachstum der nichtproduktiven Sphäre hat seine spezifischen Ursachen; aber sie selbst ist in bestimmtem Maße Erzeugnis und Objekt der materiellen Produktion. (So bedarf die Massenproduktion von Autos u. a. langlebiger Gebrauchsgüter einer bedeutenden Erweiterung des Handelsnetzes, das mit deren Absatz, Wartung usw. beschäftigt ist). In diesem Sinne trägt ihr Mengenwachstum zu einer gewissen Glättung der zyklischen Entwicklung bei. Die Frage ist nur, wie groß dieser Einfluß ist.

In den Nachkriegsjahren haben sich verschiedene Zweige der nichtproduktiven Sphäre in den USA selbst in Krisenperioden entwickelt. Von 1957 bis 1958 stieg die Beschäftigung in der nichtproduktiven Sphäre allgemein an, die damit zwar nicht die Abnahme der Beschäftigung in der Sphäre der materiellen Produktion kompensierte, einer weiteren Erhöhung der Arbeitslosigkeit jedoch entgegenwirkte.

Die Veränderung der einzelnen Komponente des Bruttosozialprodukts der USA 1958 im Vergleich zu 1957 zeigt die Tabelle 3 (in Milliarden Dollar, in Preisen von 1958).

Würden die Dienstleistungen und staatlichen Käufe auch nur auf dem Niveau des Vorjahres stehenbleiben, so wäre die allgemeine Verringerung des Bruttosozialprodukts noch dreimal größer.

Mit Ausnahme der staatlichen Verwaltung, des Gesundheitsschutzes und der Bildung verfügt die nichtproduktive Sphäre über keinerlei Besonderheiten, die sie gegen die Einflüsse der Krise immun machten. Wir erinnern uns, daß sich von 1929 bis 1933, als der persönliche Bedarf scharf eingeengt wurde, der Wert der verkauften Dienstleistungen um 30 Prozent verringerte.

Tabelle 3

	Zuwachs (+) oder Verringerung (–)
Ausgaben für persönlichen Bedarf	
Dauerhafte Gebrauchsgüter	–3,6
Waren des täglichen Bedarfs	+1,5
Dienstleistungen	+4,0
insgesamt	+1,9
Brutto-Kapitalanlagen	
Wohnungsbau	+0,6
Nichtwohnungsbau	–1,6
Produktionsausrüstungen	–4,1
insgesamt	–5,1
Außenhandelsbilanz an Waren und Dienstleistungen	
Export	–3,1
Import	+1,0
insgesamt	–4,1
Staatliche Käufe an Waren und Dienstleistungen	+4,9
Veränderung der Vorräte	–2,7
Bruttosozialprodukt	–5,2

Quelle: „Economic Report of the President". January 1966, pp. 210–211

Der Handel zählt niemals zur stabilen Sphäre der kapitalistischen Wirtschaft. Im Gegenteil, die Lagerung der Waren im Handelsnetz förderte eine verdeckte Überproduktion und erhöhte die Explosivkraft der Krise. Wenn der Handel in den Nachkriegsjahren eine geringere Kompression erfuhr, so geschah das in entscheidendem Maße infolge der veränderten Dynamik des persönlichen Bedarfs. Darüber hinaus wird der Handel auch von den oben angeführten Prozessen der monopolistischen Vergesellschaftung berührt, die sich z. B. im Eindringen großer Industriemonopole in den Handel, in der breiten Anwendung moderner Rechentechnik für die Analyse des Bedarfs, in der Lagerhaltung usw. äußern.

Es ist klar, daß die Überproduktionskrise selten mit einer Verknappung der Konsumgüter beginnt. In ähnlicher Weise beginnt sich auch der Verkauf von Dienstleistungen erst dann zu verringern, wenn das Absinken der persönlichen Einkommen der Bevölkerung fühlbar wird. Sogar wenn der Verkauf einer Anzahl dauerhafter Konsumgüter, die in das persönliche Eigentum der Verbraucher eingehen, abnimmt, wächst in der ersten Zeit der Bedarf nach Wartung und Reparatur von Kraftfahrzeugen und Haushaltstechnik weiter. Wenn die Krise von kurzer Dauer ist und eher beendet wird als sich diese Antikrisenprozesse erschöpfen, so scheint es, als ob sich die Sphäre der Dienstleistungen außerhalb der Krise befände und sie gegen deren Einflüsse immun sei.

Die Tendenz der Verringerung der Rolle der industriellen Kapitalanlagen zusammen mit dem Wachstum der Anlagen in der nichtproduktiven Sphäre sowie den staatlichen Anlagen veränderte wesentlich die Dynamik der Investitionen. Im Jahre 1957 betrug der Anteil der Industrie und des Transports allein 34%, während 1964 die Gesamtsumme der Bruttokapitalanlagen in der Volkswirtschaft nur 29% ausmachte. Der Wohnungsbau und der übrige private Bau von Objekten für nichtproduktive Zwecke erreichte 1957 und 1964 30 und 31% und überstieg damit den Anteil der Anlagen in der Industrie. Der Anteil der staatlichen Bauten wuchs in den angegebenen Jahren bis 19 und 20%.

Für die allgemeine Bewegung der Nachkriegszyklen haben diese Veränderungen prinzipielle Bedeutung. Die staatliche Bautätigkeit erhöhte sich in den Krisenjahren und schwächte dadurch das Absinken ab. Der Rückgang des Wohnungsbaus fällt nicht immer mit dem Sinken der industriellen Investitionen zusammen. Als Ergebnis dessen hat sich der gesamte Umfang der Kapitalanlagen nur unbedeutend verringert und hält damit die Nachfrage nach Produkten vieler Zweige der Schwerindustrie aufrecht. So betrug die Abnahme der Industrieinvestitionen 1957 bis 1958 in den USA 22%, die Verringerung der Anlagen in der Sphäre der Dienstleistungen und des Handels 6%, während der Wohnungsbau um 6%, die übrigen Bauten nichtproduktiver Objekte um 14% und staatliche Bauten um 10% anstiegen. Die Verringerung der Bruttokapitalanlagen in der Wirtschaft belief sich demnach auf nur 5%.

Nach der Krise 1957—1958 stagnierten die Industrieinvestitionen verschiedene Jahre. 1963 erreichten sie noch nicht den Stand von 1957. Aber nach dieser Zeit stiegen die Anlagen im Bereich des Handels und der Dienstleistungen um 33%, der Umfang des Wohnungsbaus um 36% und der staatliche Bau um 42%. Folglich ist das kein zyklischer Aufschwung klassischen Typs, der hervorgerufen wird durch die massenhafte Erneuerung des industriellen fixen Kapitals. Dem Aufschwung lagen andere Faktoren zugrunde, die bestimmt wurden durch das Wachstum der Produktion des allgemeinen Maschinenbaus um 27%, obwohl sich die Nachfrage nach Maschinen von Seiten der Industrie nicht erhöhte.

Erst 1964, nachdem die erhöhte Amortisation erlaubte, das alte überakkumulierte Grundkapital abzuschreiben, wuchsen die Industrieinvestitionen in einem Jahr um 12%. Zu den außerhalb des klassischen Zyklus existierenden Kräften kommen die des zyklischen Aufschwungs hinzu. Und das führte dazu, daß die Industrieproduktion die Spitze vor der Krise 1957 innerhalb von fünf Jahren überstieg.

Die wirtschaftliche Lage der USA von 1957 bis 1964 zeigt anschaulich die Maßstäbe der durch die wissenschaftlich-technische Revolution hervorgerufenen Verschärfung der Widersprüche der Reproduktion und auch die Ursache dafür, daß diese Widersprüche sich nicht in stärkeren Überproduktionskrisen äußern.

Trotz des großen modifizierenden Einflusses der nichtproduktiven Kapitalanlagen offenbart sich die der kapitalistischen Wirtschaft eigene zyklische Bewegungsform des fixen Kapitals in der Dynamik der Bruttoinvestitionen besonders in der Periode, in der die Voraussetzungen für eine Weltkrise heranreifen. So sanken die Bruttokapitalanlagen 1958 in der Mehrzahl der entwickelten kapitalistischen Länder ab; hervorgerufen durch deren absolute Verringerung in den USA, Kanada, Belgien und den Niederlanden, den völligen Stillstand des Wachstums in England, Frankreich, Italien und Japan und den scharfen Rückgang in Österreich. In Westdeutschland war der Wachstumsstillstand der Bruttokapitalanlagen schon ein Jahr früher zu verzeichnen. Die Jahre 1957 und 1958 waren in Schweden Perioden eines anormal niedrigen Wachstumstempos. Die Veränderung der Struktur der Kapitalanlagen führte aber nicht zur Liquidierung der Zyklizität der kapitalistischen Wirtschaft.

Weiter oben wurde schon die Frage danach gestellt, wie die unter den Bedingungen der wissenschaftlich-technischen Revolution unvermeidliche Überakkumulation von Kapital sich in eine Überproduktion von Waren verwandelt. Wenden wir uns noch einmal dieser Untersuchung zu.

In der Aufschwungsphase bilden die vorhandenen überflüssigen Kapazitäten keine sofortige Gefahr, da ihr Wert durch erhöhte Amortisationen, die sich in Monopolpreisen realisieren, abgeschrieben wird. Deswegen gehen die Bestrebungen einerseits dahin, den Aufschwung mit Hilfe staatlich-monopolistischer Maßnahmen auszudehnen, andererseits aber die neuen Kapazitäten durch Verkauf ihrer Produkte zu realisieren.

Diese Tendenzen sind einander direkt entgegengesetzt, ebenso, wie die Anstrengungen der Monopole nach Absatz ihrer Produktion die allgemeinen Maßnahmen nach Verlängerung des Aufschwungs hintertreiben. Aber hieraus folgt keineswegs, daß sich größere Überschüsse unverkaufter Waren bilden. Die Überakkumulation des fixen Kapitals beschleunigt die Krise, aber an und für sich vergrößert sie die Überproduktion nicht.

Wenn die Monopole in Krisenzeiten die Preise auf einem hohen Niveau halten wollen, müssen sie die Produktion in bedeutendem Maße einschränken. Aber schon der Versuch, die laufende Produktion bei Aufrechterhaltung der Preise zu korrigieren, kann, unabhängig vom Willen der Monopole, ein scharfes Absinken der Produktion und eine Wirtschaftskrise hervorrufen. Ein großer Teil der Kapazitäten, die erst in der Schlußphase des Aufschwungs aufgebaut wurden, wird dadurch nicht abgeschrieben. Während alte Kapazitäten in Krisenzeiten verhältnismäßig leicht aus dem Produktionsprozeß herausgezogen werden können, lasten diese neuen umso länger auf dem nächsten Zyklus — den zyklischen Aufschwung hinausschiebend, anstatt zur krisenhaften Verringerung der Produktion zu führen.

Die bewußte Senkung der Preise durch die Monopole während der Krise gilt als gefährlichste Waffe im Kampf mit den Absatzschwierigkeiten, weil sie einen Preiskampf hervorruft, bei dem ihr Fallen der Kontrolle entgleiten kann. Jedoch können die Monopole ihre Zuflucht zu Varianten nehmen, die weniger gefährlich sind und z. B. mit Preissenkungen in der Aufschwungphase beginnen. Solche Preissenkungen geben die Möglichkeit, im Verlauf einer bestimmten Zeit eine größere Profitmasse durch absolut wachsenden Absatz zu realisieren. Hinter einer auffallenden Stabilität der optimalen Preise von Industriewaren in den USA von 1957 bis 1964 verbirgt sich ein ständiges Absinken der Warenpreise einiger Zweige, in denen früher ständig in großem Umfang eine Überakkumulation von fixem Kapital stattfand. Das betrifft z. B. die Preise von neuen Personenkraftwagen.

Der Einfluß der Überakkumulation von Kapital auf die Preise in den gegenwärtigen Zyklen ist im allgemeinen wenig erforscht. Ein wenig zu lange hielt nach dem Krieg die Tendenz des Wachstums der Industriepreise in den entwickelten kapitalistischen Ländern an, als daß man die Möglichkeit ihrer Stabilisierung oder sogar Verringerung vermuten könnte. Inzwischen wurde klar, daß eine allgemeine Erhöhung der Preise sich über eine bestimmte Zeit hinaus nicht fortsetzen konnte, wenn der Überfluß an Industriekapazitäten wieder zu einer dauernden und schwerwiegenden Erscheinung wurde. Der Übergang zum Stadium allgemein sinkender Preise in den industriell entwickelten kapitalistischen Ländern bei Fehlen einer kriegs-inflationistischen Konjunktur erweist sich als unmöglich. In den letzten zehn Jahren wuchsen die Preise, ungeachtet eines bedeutenden Wachstums der Arbeitsproduktivität, beschleunigt unter dem Einfluß der wissenschaftlich-technischen Revolution. Dieser Widerspruch muß noch seine Lösung finden.

Nach dem zweiten Weltkrieg ging die erste Senkung der Weltpreise in den Jahren 1948 bis 1950 vor sich und zwar machte sie 16% aus. In den Jahren des Korea-Krieges stiegen die Weltpreise erneut an, waren aber an ihrem höchsten Punkt niedriger als 1928 und bedeutend niedriger als am Ende des ersten Weltkrieges. Die Weltpreise der Industrieerzeugnisse sanken von 1952 bis 1954, stiegen aber erneut bis 1957. Die Krise von 1957/1958 entfaltete sich folglich nach einer Periode der Preiserhöhungen für Industriewaren und sogar für einige Rohstoffe. Vor der Krise überstiegen die Weltpreise das Niveau von 1929 nur um 1,5%. Nach der Krise 1957/1958 sanken die Exportpreise bis 1962, stiegen danach aber wieder an, obwohl sie 1965 nur das Niveau von 1957 erreichten. Diese Dynamik der Preise zeugt davon, daß die durch den wissenschaftlich-technischen Fortschritt ins Leben gerufenen Kräfte einer Preisrevolution sich noch nicht in vollem Umfange angesammelt haben und sich vorläufig nur in einzelnen Zweigen zeigen.

Der Klassenkampf und der individuelle Konsum

In den letzten zehn Jahren wurde der ökonomische und politische Kampf der Arbeiterklasse in den kapitalistischen Ländern zu einem wichtigen, sehr aktiven, manchmal sogar entscheidendem Faktor für die Veränderung des Mechanismus des Zyklus. Zum Erfolg dieser Kämpfe trugen die prinzipiell neuen Verhältnisse der Klassenkräfte in der Weltarena und das Wachstum der Organisiertheit des Proletariats bei.

Die Einkünfte der Arbeiter und Angestellten sind im Ergebnis des wachsenden Anteils der Lohnarbeiter an der arbeitenden Bevölkerung zum wichtigsten Faktor der gesellschaftlichen Reproduktion, zum bedeutendsten Element der Endnachfrage geworden. Die Einkommen der Arbeiterklasse hängen in jeder gegebenen Periode von den Stundenlohnsätzen, der Anzahl der Beschäftigten, von der Länge der Arbeitswochen, dem Ausmaß der Zuschläge und Unterstützungen, von den Preisen für Konsumgüter und Dienstleistungen (Lebenshaltungskosten) und von der Höhe der von den Arbeitern gezahlten Steuern ab.

In der Vergangenheit befanden sich die Stundenlohnsätze in direkter Abhängigkeit von der Bewegung des Zyklus, in Krisenjahren z. B. unweigerlich absinkend. Nach dem zweiten Weltkrieg trat ein Umschwung ein. Im Ergebnis der Erhöhung der Organisiertheit und der außerordentlichen Verschärfung der Streikbewegung verstand es die Arbeiterklasse der USA, von den Monopolen den Abschluß von Kollektivverträgen zu erzwingen, die die Erhöhung der Stundenlöhne für eine Reihe von Jahren — für die ganze Zeit des Bestehens des Vertrages — in diesem Falle auch für Krisenjahre beinhalten. Anders gesagt, wenn früher die Festsetzung des Arbeitslohnes zum Fallen der persönlichen Einkommen der Arbeiter in Krisenjahren und evtl. auch zur Verschärfung der Überproduktion beitrug, so verhindern die Verträge heute das scharfe Absinken dieser Einkommen und verringern dadurch in relativem Maße die Überproduktion.

In der Periode des klassischen Mechanismus des kapitalistischen Zyklus war in den Krisenjahren eine scharfe Verkürzung der Dauer der Arbeitswochen und eine Vergrößerung der Teilarbeitslosigkeit charakteristisch. In den Nachkriegsjahren war die Arbeiterklasse noch nicht imstande, diese Praxis zu durchbrechen, obwohl das Ausmaß der Verkürzung der Arbeitswochen kleiner wurde.

Ebenso scharf wie in früheren Zeiten wirkt auch heute noch der Mechanismus der Arbeiterentlassungen in Krisenjahren. In der verarbeitenden Industrie der USA verringerte sich die Anzahl der Beschäftigten in der Zeit von 1948 bis 1949 um 7,5%, von 1953 bis 1954 um 7%, von 1957 bis 1958 um 7%, von 1960 bis 1961 um 3%. In allen diesen Krisen fand ein starkes Wachstum der Anzahl der Vollarbeitslosen statt. In der verarbeitenden Industrie Englands verkürzte sich die Beschäftigtenanzahl von 1957 bis 1958 um 2% bei einer Verringerung der Produktion um weniger als 1%, während die Arbeitslosigkeit um 44% zunahm. In anderen entwickelten kapitalistischen Ländern führte die Krise entweder zum Stillstand oder zur scharfen Einschränkung der Beschäftigung, obwohl in Anbetracht des Zuwachses der Armee der Lohnarbeiter jede der Krisen von einem Wachstum der Arbeitslosigkeit begleitet war. Man muß auch berücksichtigen, daß sich das unter den Bedingungen der wissenschaftlich-technischen Revolution in Krisenzeiten fortsetzende Wachstum der Arbeitsproduktivität zur Verringerung der Beschäftigung sogar in den Fällen führt, wo der absolute Umfang der Produktion nicht abnimmt.

Auf diese Weise bestehen zwei entgegengesetzte Tendenzen: die Sicherung und sogar Verstärkung der Tendenz des Ausschlusses der Arbeitskraft aus der Produktion in Krisenjahren und die fortlaufende Erhöhung des Arbeitslohnes der in der Produktion Verbleibenden.

Der Widerspruch zwischen den beiden aufgezeigten Tendenzen wurde in den USA und in den Kontinentalländern Westeuropas auf verschiedene Weise gelöst. In den USA verdeckte die scharfe Verkürzung der Beschäftigung das Anwachsen der Löhne der in der Produktion verbleibenden Arbeiter. Daher verringerte sich z. B. die Gesamtsumme der Löhne von 1953 bis 1954 um 4% und von 1957 bis 1958 um 2%. Dabei verringerte sich die Auswirkung der bedeutenden Verkürzung der Lohnsumme der Arbeiter durch die größere Stabilität der Löhne und durch die Beschäftigung der Angestellten, deren Anteil an der Gesamtzahl der Beschäftigten in der Tendenz wächst. In den Ländern Westeuropas sank die Beschäftigung in den Krisenjahren nicht so stark und auch die gesamte Lohnsumme wuchs weiter.

Das Ausmaß des absoluten Rückgangs der Nominallöhne der Arbeiterklasse wird gemindert durch die Einführung der Arbeitslosenunterstützung. In den USA war sie allein jedoch nicht groß genug, um den Rückgang der ausgezahlten Löhne zu kompensieren.

Im Gegenteil, zwei zusätzliche Faktoren wirkten auf die absolute Verschlechterung der Lage der Arbeiterklasse in Krisenjahren ein: die Steuern und das Wachstum der Lebenshaltungskosten. In der Vergangenheit spielte die direkte

Besteuerung der Arbeiter und Angestellten keine wesentliche Rolle im Mechanismus des Zyklus. Nach dem zweiten Weltkrieg wurde die Einkommensteuer zum wichtigsten Mittel der Konfiszierung der Arbeitereinkommen zugunsten des Staatshaushaltes.

In den vergangenen zehn Jahren wuchsen die Lebenshaltungskosten auch in Krisenjahren. In den USA machte nur die Krise von 1948 bis 1949, als der offizielle Lebenshaltungskostenindex um weniger als 1% sank, eine Ausnahme. Von 1953 bis 1954 wuchs er um 0,3%, 1957 bis 1958 um 1,3%, 1960 bis 1961 um 0,8%. In England führte das Anwachsen der Lebenshaltungskosten und die Verringerung der Beschäftigung zur Senkung des Realeinkommens der Arbeiterklasse um 2%. In einigen anderen Ländern Westeuropas überflügelte das Anwachsen der Nominallöhne in den Krisenjahren das Wachstum der Lebenshaltungskosten, wenn auch sehr langsam.

Die in den Nachkriegskrisen nach wie vor wirkende starke Tendenz zur Senkung der Realeinkommen der Arbeiterklasse führte in vielen Fällen zu deren absoluter Verringerung und schwächte sogar die Tendenz des Wachstums der Nominallöhne ab. In keiner der Nachkriegskrisen erreichten die monatlichen und jährlichen Rückgänge der Arbeitereinkommen jedoch die katastrophalen Ausmaße früherer Krisen. Es ist offensichtlich, daß dieser, dem allgemeinen Sinken der persönlichen Einkommen der Bevölkerung und der Verringerung des Konsums entgegenwirkende Umstand gewisse korrigierende Züge in die Entfaltung der Krise hineinträgt.

Darin zeigt sich z. B. auch die wachsende Fähigkeit der Arbeiterklasse, den für sie negativen Folgen der kapitalistischen Wirtschaftskrise aktiven Widerstand zu leisten.

Wenn in der Vergangenheit die bedeutende Verringerung des Arbeitslohnes der Industriearbeiter eine allgemeine starke Verkürzung der Nachfrage nach Konsumgütern hervorrief, so wird jetzt die im Ausmaß geringere Verkürzung der Löhne der Industriearbeiter vom Wachstum der Einkommen der in der nichtproduktiven Sphäre Beschäftigten verdeckt und bewirkt dadurch eine gewisse Erhöhung der allgemeinen Nachfrage nach Konsumtionsmitteln.

Die Veränderung in der Dynamik des Arbeitslohnes ist einer der wichtigsten Faktoren, die den Umfang und die Dauer des gegenwärtigen zyklischen Aufschwungs bedingen. Das merkt man nicht so in den USA, wo sich zusammen mit einem bedeutend langsameren Wachstum der Reallöhne nach 1953 die Zunahme der in der materiellen Produktion beschäftigten Arbeiteranzahl verringerte. In anderen industriell entwickelten Ländern vereinigte sich das schnellere Wachstum der Reallöhne mit einer bedeutenden Erhöhung der Beschäftigung, was zu einer starken Vergrößerung der Nachfrage nach Gebrauchsgütern führte. Das höhere Wachstumstempo der Produktion in diesen Ländern wird in nicht geringem Maße gerade durch diesen Umstand erklärt (Tab. 4).

Die „künstliche Erzeugung“ von Krisen

Die Veränderung der Bewegung des Lohnes wirkt sich auf die Reproduktion nicht nur durch den Mechanismus der Nachfrage, sondern auch durch den der Produktionskosten aus. Wenn die Erhöhung der Nachfrage nach Konsumgütern den Absatzmarkt der Produktion kapitalistischer Betriebe auch erweitert, so stößt im Bereich der Produktionskosten das Wachstum der Löhne jedoch auf den wütenden Widerstand dieser kapitalistischen Unternehmer.

Tabelle 4

Die Veränderung der Bedarfsnachfrage und ihrer besonderen Elemente
(in Milliarden Dollar, in laufenden Preisen)

	Zuwachs (+) oder Verringerung (−)			
	1929—1933	1948—1949	1953—1954	1957—1958
Ausgaben für persönlichen Bedarf	−32,6	+2,8	+5,4	+8,3
Lohn und Gehalt	−21,4	−0,9	−1,8	+1,1
darunter:				
im privaten Sektor	−21,6	−2,6	−2,3	−2,0
Militärpersonen	0	+0,3	−0,4	+0,1
Staatsangestellte	+ 0,3	+1,4	+0,9	+3,0
Index der ausgezahlten Löhne in der verarbeitenden Industrie (Veränderung in %)	−51,0	−7,5	−9,0	−8,6

Besonders in diesem Zusammenhang setzen die bürgerlichen Ideologen und Reformisten des Westens die Konzeption der „Inflationsspirale", angeblich hervorgerufen durch das Wachstum der Löhne, von neuem auf die Tagesordnung. Die Diskussion um die Ursachen und Gesetzmäßigkeiten der gegenwärtigen Inflation entfaltete sich in den letzten Jahren auch in der marxistischen Presse.

Es ist klar, daß die Arbeiterklasse unmöglich schuld sein kann an der Erhöhung der Lebenshaltungskosten. Im Gegenteil, sie ist gezwungen, davon als von einem durch die kapitalistische Wirklichkeit geschaffenen Faktor auszugehen. Wenn bei der Steigerung der Lebenshaltungskosten der Lohn nicht ebenfalls ansteigt, verringert sich der Preis der Arbeitskraft im Vergleich zu ihrem Wert. Der Kampf der Arbeiterklasse um die Erhöhung der Löhne wirkt auf diese Weise der durch den Kapitalismus hervorgerufenen Tendenz zur absoluten Senkung ihres Lebensniveaus entgegen. Dieser Kampf war in den Nachkriegsjahren insgesamt erfolgreich. In sechs kapitalistischen Hauptländern (USA, England, Westdeutschland, Frankreich, Italien, Japan) wuchs im Verlauf von drei Fünfjahreszeiträumen (1948 bis 1952, 1953 bis 1957, 1958 bis 1962) der Nominallohn in der Industrie schneller als die Lebenshaltungskosten.

Die Monopole strebten danach, sich durch die Erhöhung der Arbeitsproduktivität der Industriearbeiter zu entschädigen. Sie setzten alles daran, daß diese Erhöhung der Arbeitsproduktivität in ihrem Ausmaß nicht hinter dem Wachstum der Nominallöhne zurückblieb oder von diesem sogar überholt wurde. In einer Reihe von Ländern erreichten die Arbeiter sogar den Abschluß von Kollektivverträgen mit einer solchen Steigerung der Nominallöhne, die nicht nur die Verluste aus der Erhöhung der Lebenshaltungskosten, sondern auch die aus der Erhöhung der Produktion kompensieren. Diese Eroberungen sind aber nicht allgemein und in der Regel geht die Erhöhung der Nominallöhne langsamer vor sich als die der Lebenshaltungskosten.

Auch wenn es der Arbeiterklasse nicht überall gelang, diese ökonomische Forderung zu realisieren, so konnten doch auch die Monopole das Wachstum der Nominallöhne in der Mehrzahl der Fälle nicht vom Wachstumstempo der

Arbeitsproduktivität abhängig machen. Im Ergebnis dessen wurde für die Bourgeoisie in den Nachkriegsjahren eine verhältnismäßige Verteuerung des variablen Kapitals, d. h. ihrer Ausgaben pro Einheit der Industrieproduktion, zu einer mehr oder weniger allgemeinen Erscheinung.

Mit der Intensivierung des Außenhandels und der Verschärfung der Konkurrenz zwischen den Ländern wurde die Verteuerung des variablen Kapitals zu einem der größten Probleme für die Monopole. In den letzten Jahren wurde es nicht nur durch die Verschärfung des ökonomischen Kampfes der Arbeiterklasse, sondern auch durch einige andere Veränderungen auf dem Arbeitskräftemarkt kompliziert.

Innerhalb der spontanen Entwicklung der kapitalistischen Reproduktion kommt in einem bestimmten Stadium der wissenschaftlich-technischen Revolution der Augenblick, wo das Wachstum der Arbeitsproduktivität den Zuwachs der Industrieproduktion zu überholen beginnt. Diese Erscheinung ist zweifellos mit der Überakkumulation von Kapital und der Hemmung des Wachstums der Produktion durch die Monopole verbunden, was die absolute Verringerung der Anzahl der in der Industrie beschäftigten Arbeiter nach sich zieht. Ebenso wie die absolute Verminderung der Armee der Lohnarbeiter in der Landwirtschaft, im Bauwesen und im Transport gleichzeitig vor sich geht, so übertrifft auch der durch das Kapital veranlaßte Ausschluß der Arbeiter aus dem Produktionsprozeß den Grad ihrer Wiedereinstellung. Insofern der Überschuß des absoluten Angebots an Arbeitskräften nicht vollständig von der nichtproduktiven Sphäre kompensiert wird, entwickelt sich ein anhaltendes Anwachsen der Arbeitslosigkeit, so daß sich die Situation auf dem Arbeitskräftemarkt zugunsten der Kapitalisten und zum Schaden der Arbeiter entwickelt.

Diese erste Gesetzmäßigkeit zeigte sich in den USA schon in den zwanziger Jahren und danach in den fünfziger und sechziger Jahren. In anderen industriell entwickelten Ländern überholte jedoch das Wachstum der Industrieproduktion, gefördert durch staatsmonopolistische Maßnahmen und andere Ursachen, wie z. B. das Anwachsen der Arbeitsproduktivität, wodurch die Beschäftigung wieder zunahm und die Arbeitslosigkeit verringert wurde.

Mit Ausnahme Frankreichs besaßen alle industriell entwickelten Länder mit einem verhältnismäßig hohen Wachstumstempo im Nachkriegsjahrzehnt ungewöhnlich große Arbeitskraftreserven. Im Laufe des intensiven industriellen Aufschwungs erschöpften sich diese Reserven allmählich. Fast überall in Westeuropa bildete sich eine für den Kapitalismus neue, einmalige Situation heraus, als durch die Nachfrage nach Arbeitskräften deren Preis stieg. Das geschah jedoch nicht unter den Bedingungen des Krieges, sondern der friedlichen Entwicklung. Alle diese Umstände erklären, warum die Löhne in den letzten Jahren überall anstiegen.

Früher war die Erschöpfung des Arbeitskräftemarktes und die vom Standpunkt der Kapitalisten maßlose Erhöhung der Löhne ein Vorbote der Überproduktionskrise. Bei Verringerung der Profite forcierten die Kapitalisten den Verkauf. Die Krise erlaubte ihnen, das Gleichgewicht auch auf die Weise wiederherzustellen, daß der Lohn schnell fiel und eine Arbeitslosenarmee geschaffen wurde, die einen neuen industriellen Aufschwung nährte.

Heute hat sich dieser spontane Mechanismus bedeutend verändert, wodurch sich der Kapitalismus in gewisser Weise selbst des automatischen Regulators beraubte, der ihm früher ohne besondere zusätzliche Anstrengungen periodisch eine spontane Senkung des Preises der Arbeitskraft durchzusetzen ermöglichte. Bürgerliche Theoretiker der Vergangenheit freuten sich mit dem ihnen eigenen Zynismus über eine solche Art von Aderlaß, der nach ihrer Meinung über den „gesunden" Charakter des Mechanismus der „freien" kapitalistischen Wirtschaft Zeugnis ablegt.

Jetzt hat der veränderte Mechanismus die herrschende Klasse gezwungen, Mittel zu „künstlichen Aderlässen" zu suchen. Wenn die Bourgeoisie die staatsmonopolistische Regulierung bisher als Art und Weise der Überwindung oder Abschwächung von Krisen betrachtete, so beginnt sie sie jetzt als eine Art „künstlicher Erzeugung" von Krisen und Depressionen anzusehen.

Das anschaulichste, vom Staat und den Monopolen hervorgerufene Krisenbeispiel ist die Wirtschaftskrise in Italien von 1963 bis 1965. Der Index der Industrieproduktion erreichte seinen höchsten Punkt im November 1963, zu dem er nach einem Absinken im April 1964 erneut zurückkehrte. Danach folgte ein scharfes Absinken der Produktion, welches am tiefsten Punkt (August 1964) 10% ausmachte. Die Depression dauerte bis Januar 1965 und erst im Juni überstieg die Produktion den Höhepunkt vor der Krise.

Die Krise begann, nachdem die Regierung unter dem Vorwand der Rettung der Lira ihre Zuflucht zur Politik der „Restriktion" nahm und sowohl den Konsumenten- als auch den industriellen Kredit beschränkte, die indirekten Steuern aber erhöhte. Die Industriellen nahmen Massenentlassungen vor, die Nachfrage nach Konsumgütern sank rapide ab. Wenn die Krise 1962/63 durch den aktiven Kampf der Arbeiterklasse noch verhindert wurde, so wurde sie 1964 durch den Einfluß der Monopolbourgeoisie künstlich hervorgerufen.[4]

Die sich in Italien von 1962 bis 1965 entwickelnden Ereignisse zeigen den Mechanismus der Entfaltung einer sogenannten Deflations-Krise, welche sich von der klassischen Überproduktionskrise grundlegend unterscheidet. Ihre Hauptmerkmale sind folgende:

1. Das „Gleichgewicht" zwischen Lohn und Profit, das in den klassischen Überproduktionskrisen durch die spontanen „Marktstürme" erreicht wurde, wird jetzt mit Hilfe einer Serie staatsmonopolistischer Maßnahmen, die Gegenstand eines scharfen politischen Kampfes sind, verwirklicht.

2. Die Verkürzung der Produktion und der Kapitalanlagen läßt sich weder durch eine Überfüllung des Marktes, noch durch die von der Inflation hervorgerufene Krise der Zahlungsbilanz und das Anwachsen weiterer Schwierigkeiten in der Geld- und Kredit-Sphäre erklären, welche jedoch die Widersprüche in der Reproduktion widerspiegeln und einen rückwirkenden Einfluß ausüben. Die „Deflations"-Krise ist in der Regel mit einer Geld- und Kredit-Krise verbunden, die ein notwendiger Bestandteil ihrer Entwicklung ist.

Die „Deflations"-Krise ist keine nur Italien eigene isolierte Erscheinung. Die Stagnation der Industrie, in Frankreich unter etwas anderen politischen Bedingungen als Folge des von der Regierung aufgestellten „Stabilisierungsplanes" (1963 bis 1965) entstanden, ist nur ein anderer Ausdruck derselben Prozesse. In England führten die Regierungsmaßnahmen zur Beschränkung des Inlandsverbrauchs und der Löhne, hervorgerufen durch die scharfe Valuta-

[4] Die Vorgeschichte dieser Krise wurde von Gino Longo in dem Artikel „Die italienische Wirtschaft nach dem ‚Wunder'" analysiert. („Weltwirtschaft und internationale Beziehungen", 2, 1965).

krise im Herbst 1964, zur anhaltenden Stagnation der Industrieproduktion ab Januar 1965 und zum Anwachsen der Arbeitslosigkeit. In den im Verlauf des Jahres 1965 angenommenen Empfehlungen des Ministerrates und der Kommission des Gemeinsamen Marktes wurde mehrmals von der für die westeuropäischen Länder bestehenden Notwendigkeit gesprochen, die Politik des ,,Kampfes gegen die Inflation" mit Hilfe von ,,Stabilisierungsplänen" fortzusetzen. Es ist offensichtlich, daß die ,,Deflations"-Krise" in nicht allzu weiter Zukunft einen gebührenden Platz im Arsenal der Wirtschaftspolitik des staatsmonopolistischen Kapitalismus einnehmen wird.

Auf diese Weise schufen die Veränderungen des zyklischen Mechanismus neue Bedingungen für den Klassenkampf des Proletariats in den kapitalistischen Ländern. Die Furcht der Bourgeoisie vor den katastrophalen spontanen Krisen der Vergangenheit gab die Möglichkeit zur Entwicklung neuer Generalangriffe auf die Monopole und zur Erlangung neuer Erfolge im ökonomischen Kampf. Wenn die Krisen früher als unvermeidliche Katastrophe galten, so beweisen heute die Erfahrungen einer Reihe von Ländern, daß der aktive Kampf der Arbeiterklasse die Krise hinausschieben, sie abschwächen kann. Sogar der staatsmonopolistische Staat, der die Funktion der gesamtnationalen Wirtschaftsplanung übernommen hat, trachtet zuweilen danach, eine Krise, Stagnation oder Verlangsamung des Wachstumstempos künstlich hervorzurufen, um auf solchem Wege das Proletariat seiner Errungenschaften zu berauben.

Um die Krisen zu beseitigen, reichen weder teilweise noch allgemeine Erfolge des ökonomischen Kampfes der Arbeiterklasse aus. Dafür bedarf es eines aktiven Kampfes zur Veränderung des Kurses der staatlichen Politik und der Beseitigung der Macht der Monopole. Im Verlauf des Kampfes der revolutionären Arbeiterklasse gegen die Krisen rücken die Grundfragen der ökonomischen und politischen Umgestaltung ins Zentrum ihrer Aufmerksamkeit.

Die Weltwirtschaftskrise und der Neoliberalismus in Deutschland

Werner Krause

Unter dem Druck des gegenwärtigen und des sich andeutenden zukünftigen Konjunkturverlaufs und der damit verknüpften wirtschaftspolitischen Maßnahmen der westdeutschen Bundesregierung bröckelt das neoliberale Dogma von der sozialen Marktwirtschaft langsam aber sicher auseinander. Wenn sich der Prozeß des Abflauens der Konjunktur fortsetzt und verschärft, werden die Historiker ökonomischen Denkens bald endgültig das Ende des westdeutschen Neoliberalismus konstatieren können.

Mit der Vergrößerung des Etats für Rüstungs- und andere Ausgaben der „öffentlichen Hand" wird das Problem der Kürzung bestimmter Ausgabenposten, wie sie ihren drastischen Ausdruck in der Beschneidung des Haushalts der Länder und Gemeinden findet, immer akuter. Nicht unberechtigt versehen manche Beobachter die Frage nach der Möglichkeit weiterer Exportexpansion der westdeutschen Industrie mit einem kräftigen Fragezeichen. Der Weg des Bonner Wirtschaftsministers nach Bukarest muß als ein Versuch gewertet werden, dem westdeutschen Kapital im Osthandel zusätzliche Möglichkeiten zu verschaffen. Nicht abzusehen ist die Entwicklung der freien Preisbildung; schon heute mehren sich die Zweifel, ob die relativ stabilen Kostenfaktoren auf längere Zeit konstant bleiben werden. Bei einem Nachlassen der Konjunktur wird u. a. auf dem Arbeitskräftemarkt rasch ein Wandel eintreten, der wegen der großen Anzahl ausländischer Arbeiter in Westdeutschland dann auch internationalen Konfliktstoff freisetzen kann. Trotz lokaler Sparmaßnahmen der Bundesregierung auf der einen Seite, wird es andererseits mehr oder weniger aus politischen Gründen nicht ausbleiben können, daß bestimmte Subventionen noch an Umfang zunehmen. Der Haushaltspolitik, und nicht nur ihr, sind damit immer neue Probleme gesetzt. Summa summarum: Sollte sich der Trend des Abflauens der Konjunktur weiterhin fortsetzen, wird die Restriktionspolitik in der Bundesrepublik an Schärfe zunehmen und das morsche Lehrgebäude der Ordo-Liberalen wird bald wie ein Kartenhaus zusammenfallen.

Angesichts des nahen Endes der neoliberalen Doktrin ist es nützlich, sich einmal ihres Anfangs zu erinnern. Die Geburtsstunde des deutschen Neoliberalismus schlug in der Zeit der Debatten um das Für und Wider, um das Wie und Wann einer aktiven Konjunkturpolitik, die während der großen Weltwirtschaftskrise zu Beginn der dreißiger Jahre geführt wurde. Damals gingen die Meinungen weit auseinander. Ein Teil der Wirtschaftspolitiker trat dafür ein, die Deflation weitergehen zu lassen und nur geringe wirtschaftspolitische Eingriffe vorzunehmen. Sie erachteten konjunkturpolitische Aktionen entweder als nutzlos oder aber als Maßnahmen, die in der Krisen- und Depressionsphase des Zyklus zu spät kommen. Demgegenüber wurden in einer riesigen Anzahl Heilslehren verschiedenster Formen angeboten. Die Palette dieser Vorschläge aktiver Antikrisenpolitik reichte von dilletantischen Versuchen von Amateurökonomen bis zu gewichtigen Gutachten namhafter Gelehrter. In dieser Hausse von ökonomischen Rezepten inmitten der Baisse an den Börsen, bei der über die Möglichkeit, den Preisverfall aufzuhalten und die Notwendigkeit der Neugestaltung der Währung gestritten wurde, ertönte angesichts der Zuspitzung des Klassenkampfes auch der Ruf nach „Neuordnung" des kapitalistischen Wirtschaftssystems. Propagiert wurde eine vom Staat gesteuerte Wirtschaft, die die Prinzipien der „freien Marktwirtschaft" beibehalten sollte. Die Losung von der „gesteuerten Marktwirtschaft" (oder, wie es später hieß, der „sozialen Marktwirtschaft") sollte einerseits den Stimmen entgegentreten, die radikal eine Abkehr von jeglichem Liberalismus und noch einschneidendere dirigistische Maßnahmen forderten, andererseits aber gewissen neuen Erfordernissen des staatsmonopolistischen Systems Rechnung tragen. Zwischen der großen Krise von 1929 bis 1932 und dem Auftreten erster Stimmen aus dem Lager bürgerlicher Ökonomen, die sich schließlich in der neoliberalen Freiburger Schule zusammenfanden, besteht ein kausaler Zusammenhang. Allerdings ist über die Entstehung des Neoliberalismus in Deutschland noch keine eingehendere Abhandlung erschienen. I. G. Bljumin, der in seinem Buch „Die Krise der modernen bürgerlichen politischen Ökonomie"[1] dem heutigen Neoliberalismus ein Kapitel widmet, ist auf diese Frage nicht näher eingegangen. Auch die von einem Autorenkollektiv erarbeitete „Geschichte der ökonomischen Lehrmeinungen"[2] gibt keine Auskunft. Einzelne Autoren, die Abhandlungen über den Neoliberalismus verfaßten, wie Otto Rühle,[3] Oskar Christians[4], Hannelore Riedel, Rudhard Stollberg, Gerhard Bondi[5] behandelten nur neuere Aspekte dieser Lehre. Dagegen hat Hermann Turley der Frage der Herausbildung des Neoliberalismus mehr Aufmerksamkeit geschenkt. Er verlegt den Ursprung der neoliberalen Ideen in die zwanziger Jahre.[6]

Nach der Auffassung von Turley hatte sich der Neoliberalismus in Deutschland herauszubilden begonnen, bevor dort die faschistische Terrorherrschaft errichtet wurde.[7] Robert Naumann äußerte sich ähnlich: „Die Entstehung des Neoliberalismus fiel vornehmlich in die Zeit vor den zweiten Weltkrieg."[8] Naumann meint, daß der Neoliberalismus bereits eine jahrzehntelange Entwicklung verschiedener seiner Elemente hinter sich gehabt hätte, „ehe es in den 30er Jahren zur festeren Herausbildung dieser Richtung kam. Die Elemente des Neoliberalismus begannen sich bereits seit Jahrzehnten mit dem Suchen nach einem sogenannten dritten Weg zu entwickeln, der weder kapitalistisch noch kommunistisch sei, mit dem Suchen nach Überwindung der sogenannten Unzulänglichkeiten des Kapitalismus unter Beibehaltung des Privateigentums an den Produktionsmitteln und dem Bestreben, den Konzentrationsprozeß des Kapitals aufzuhalten, mit dem Bemühen, den Staat für diese Bestrebungen auszunutzen."[9]

Darüber, wo die Entwicklungselemente des Neoliberalismus in den zwanziger Jahren zu suchen sind, gibt Turley keine nähere Auskunft, während Naumann die Bezüge in der Geschichte des Alt-Liberalismus gefunden zu haben glaubt. Für Naumann ist der Neoliberalismus eine „neue Form" des Liberalismus, eine „Neuformulierung der Grundsätze des Liberalismus."[10] Er bringe das Bestreben bestimmter Kreise der Großbourgeoisie zum Ausdruck, „die *dem Liberalismus eigenen Methoden* der kapitalistischen Wirtschaftsführung und der Ausbeutung den Bedingungen der Herrschaft des Monopolkapitals anzupassen."[11]

[1] Berlin 1962.
[2] Berlin 1965.
[3] Otto Rühle, Zur Theorie der „Wettbewerbsordnung" von Walter Eucken, Wirtschaftswissenschaft 5/1954.
[4] Oskar Christians, Die „Ordo-Lehre", Walter Euckens — ein Mittel zur Verteidigung des staatsmonopolistischen Kapitalismus. Wirtschaftswissenschaft 6/1957.
[5] Monopoltheorie — Monopolpraxis. Herausg. v. Gerhard Bondi, Berlin 1958.
[6] Vgl. Hermann Turley, Neoliberale Monopoltheorie und „Antimonopolismus, Berlin 1961, S. 16.
[7] Vgl. ebenda, S. 17.
[8] Robert Naumann, Theorie und Praxis des Neoliberalismus, Berlin 1957, S. 11.
[9] Ebenda, S. 62f.
[10] Vgl. ebenda, S. 55.
[11] Ebenda, S. 56, Hervorhebung von mir — W. K.

Ich halte die starke Betonung der Verwandtschaft zwischen dem Liberalismus und dem Neoliberalismus für falsch. Der ökonomische Liberalismus ist eine historisch überlebte Denkweise, deren Kernpunkt in der Ansicht besteht, daß der Staat außerhalb der ökonomischen Sphäre zu stehen habe. Spätestens mit der Herausbildung des staatsmonopolistischen Kapitalismus wurde das Laissez-faire-Prinzip von der Bourgeoisie fallen gelassen und die Intervention des Staates auf den Schild gehoben.[12] Der Neoliberalismus dagegen, der so wenig mit dem historischen Liberalismus gemein hat, daß man seine Bezeichnung eigentlich immer in Anführungsstriche setzen müßte, plädiert ausdrücklich für bestimmte Eingriffe des Staates in das Wirtschaftsleben, verhehlt also gar nicht, weitgehend unliberal zu sein. Von den bürgerlichen Ideologen ist das Wort „liberal" ähnlich schamlos mißbraucht worden, wie die Begriffe Freiheit", Demokratie" und „Sozialismus", aber wir sollten genau so wenig darauf verfallen, einen „Neoliberalen" für einen Liberalen anzusehen (oder umgekehrt, Ludwig von Mises für einen Neoliberalen zu halten)[13], wie wir einen Rechtssozialisten mit Recht nicht als Sozialisten betrachten.

In der Umgangssprache wird das Wort „liberal" häufig angewandt, um die Relativität der Freiheit in bezug auf einen anderen, wesentlich unfreieren Zustand zu charakterisieren.[14] In diesem Sinne, aber nur in diesem Sinne, waren Ökonomen der Freiburger Schule tatsächlich liberal; ihre Ansichten über die einzuschlagende Wirtschaftspolitik waren wesentlich liberaler als die der hitlertreuen Ideologen, die für die Beibehaltung der faschistischen Zwangswirtschaft eintraten. Der Freiburger Kreis von Ökonomen war hier genau so relativ liberal, wie ein Anhänger des bürgerlichen Parlamentarismus relativ demokratischer ist als ein Faschist.

Verfolgen wird die Ansichten jener Ideologen, die in Deutschland als Vertreter des Neoliberalismus bezeichnet werden, als die sie schließlich auch in die marxistische Literatur eingegangen sind, dann können wir ihre Spuren rückschauend zweifellos schon in den zwanziger Jahren feststellen. Es bleibt nur die Frage offen, ob sie sich bereits damals zu dem Dogma bekannten, für dessen Verteidigung sie heute als Neoliberale bezeichnet werden. Definieren wir den Neoliberalismus als eine Richtung der bürgerlichen Ökonomie, die die freie Konkurrenz mit Hilfe des Staates durchsetzen will und die als theoretisches Rüstzeug die Lehre von den Ordnungstypen oder den Marktformen verwendet, so werden sich schwerlich dafür Beispiele finden lassen, daß diese Richtung bereits in den zwanziger Jahren existierte. Das Auftauchen des Namens allein wäre noch kein ausreichender Beleg. Hans Honegger z. B. benutzt den Begriff „Neoliberalismus"[15] für jene ökonomische Lehren, in denen der „Ruf nach einer Befreiung der Wirtschaft aus den Fesseln und Hemmungen" spürbar wird, „die ihr durch die sozialistisch-nationalistische Kriegs- und Nachkriegswirtschaft auferlegt worden sind."[16]

Betrachtet man die von Honegger gemeinten Autoren, wie Gustav Cassel, Hans Oswalt und Siegfried Budge, dann wird deutlich, daß hier nicht der „klassische" Neoliberalismus im Sinn war. Die genannten Ökonomen sind keineswegs für die „Neugestaltung der Wirtschaftsordnung" nach der Vorstellung von Walter Eucken und Wilhelm Röpke eingetreten.

[12] Die Evolution des Liberalismus wird von Naumann selbst dargestellt.

[13] Was Naumann leider macht, weil er den Alt-Liberalismus nicht genügend von den Ideologen distanziert, die heute liberalistische Phrasen im Munde führen.

[14] Hans Gestrich, Liberalismus als Wirtschaftsmethode, Berlin 1930, S. 4: „Man wird aber immerhin den eigentlichen Liberalismus scharf abgrenzen müssen gegen Empfindungen und Anschauungen, die man gewohnheitsmäßig auch noch als 'liberal' bezeichnet, wobei man aber einfach großzügig, freimütig, unbelastet durch Tradition, vorurteilsfrei meint."

[15] Hans Honegger, Volkswirtschaftliche Gedankenströmungen, Systeme und Theorien der Gegenwart, besonders in Deutschland. Karlsruhe 1925, S. 12ff.

[16] Ebenda, S. 13.

Der deutsche Neoliberalismus ist Ausdruck eines gewissen Widerstandes gegen bestimmte Folgen der Entwicklung des staatsmonopolistischen Kapitalismus, die einem Teil der Bourgeoisie nicht geringe Sorge bereitete. Ohne Zweifel ist z. B. der Kampf gegen die Monopole ein echtes Anliegen von nichtmonopolisierten Außenseitern, die im Wettbewerb gegen die übermächtigen Konkurrenten im Nachteil sind.

Am klarsten und geschlossensten ist das komplizierte Problem des Widerstands gegen die Monopole innerhalb des bürgerlichen Lagers bisher von Helga Nußbaum aufgezeigt worden, die in ihrem Aufsatz über die „Bürgerliche Monopolgegnerschaft" schreibt: „Der Monopolismus, obwohl in den entwickelten kapitalistischen Ländern die Wirtschaft absolut beherrschend, hat bis jetzt jedoch nicht alle vormonopolistischen Produktionsformen zerstört; diese konnten daher zur Basis antimonopolistischer Strömungen außerhalb des Proletariats werden".[17] Es sei nicht erstaunlich, meint die Autorin, daß die Opposition des Kleinbürgertums und der Bourgeoisie (für eine kurze Zeit auch seitens deutscher Junker) gegen die Monopole bis in die Gegenwart nicht verstummt ist, da die Widersprüche des Kapitalismus, die in der Epoche des Imperialismus zunehmen, auch das Anwachsen des Widerspruchs zwischen dem Monopolkapital einerseits und dem kleinen, mittleren und großen nichtmonopolistischen Kapital andererseits zur Folge hat.[18] Die bisherigen Darstellungen in der marxistischen Literatur über die Stellung der Neoliberalen zu den Monopolen sei allzu vereinfacht worden.[19] Aus der Nachkriegsentwicklung Westdeutschlands seien jedoch folgende Tendenzen erkennbar: „1. die wirtschaftliche Macht verschiebt sich immer mehr zugunsten der Truste und Konzerne. Diese üben einen größeren Preisdruck auf die kleinen und mittleren Kapitalisten als Lieferanten und Abnehmer aus und verschärfen den Konkurrenzkampf gegen kleine und mittlere Kapitalisten der eigenen Branche. Der Widerspruch zwischen dem Monopolkapital und dem übrigen Kapital verschärft sich, es wird eine *antimonopolistische Opposition* erzeugt. 2. bedrängt durch verschärfte Konkurrenz, versuchen die kleineren Unternehmer oft, sich in Kartellen zusammenzuschließen, um hier wenigstens einen gewissen Schutz gegen das Großkapital zu haben. Diese Zusammenschlüsse sind schwierig wegen der großen Anzahl der Unternehmen in einer Branche, sie werden aber erleichtert durch das Unternehmerverbandswesen. Je mehr das gelingt, desto schwächer und inkonsequenter wird natürlich die antimonopolistische Haltung."[20] Wegen dieser Sachlage und wegen der Tatsache, daß die Basis der ökonomischen Existenz des kleinen und mittleren Unternehmertums das Privateigentum an Produktionsmitteln und der Profit sei, die nicht gestatte, daß diese Unternehmer aus ihrer antimonopolistischen Stimmung ohne weiteres gleich die äußerste Konsequenz ziehen, sei ihre Haltung schwankend, inkonsequent, theoretisch wirr und opportunistisch.[21] „Die Konzeption der Freiburger Schule des Neoliberalismus bringt das ökonomische Interesse einer bestimmten mittleren Schicht des Bürgertums zum Ausdruck, sie ist entsprechend diesem Interesse in sich sehr widersprüchlich und kann deshalb für und gegen das Monopolkapital ausgenutzt werden." Die Autorin macht ferner darauf aufmerksam, daß Marx verschiedentlich im „Kapital" darauf hingewiesen habe, daß „falsche Vorstellungen von der kapitalistischen Ökonomik, von der Konkurrenz und so weiter nicht unbedingt unlauteren Absichten entspringen müssen, sondern in der Wirklichkeit bzw. ihrem falschen Schein wurzeln können . . ."[22] Und sie zieht darauf den Schluß: „Die Deutung, daß die neoliberalen Ökonomen direkt im Auftrag des Monopolkapitals handeln und raffinierte Heuchler sind, erklärt uns im Grunde zu wenig." Sie sei nicht im strengen

[17] Helga Nußbaum, Bürgerliche Monopolgegnerschaft, Jahrbuch für Wirtschaftsgeschichte 1962, Teil III, Berlin 1962.
[18] Vgl. ebenda S. 77f.
[19] Vgl. ebenda, S. 109f.
[20] Ebenda, S. 111.
[21] Vgl. ebenda, S. 112.
[22] Ebenda, S. 113.

Sinne materialistisch und in bezug auf die Freiberger Schule nicht dem wirklichen Sachverhalt entsprechend.[23]

Dieser Einschätzung muß man zustimmen. Die gesellschaftlichen Verhältnisse in Deutschland boten durchaus eine Basis für eine echte bürgerliche Opposition gegen bestimmte Erscheinungen des staatsmonopolistischen Kapitalismus. Karl-Heinz Schwank hat in seinem Beitrag zur Analyse des staatsmonopolistischen Kapitalismus die charakteristischen Merkmale der historischen Entwicklung in Deutschland aufgezeigt.[24] Es bleibt die Frage zu beantworten, in welcher Situation und zu welcher Zeit sich der Neoliberalismus als eine der markantesten Formen dieser Opposition als geschlossene Gruppe herauskristallisierte.

Mit gelegentlichen Hinweisen in der bürgerlichen Nachkriegsliteratur, daß man bereits in weit zurückliegender Zeit im engeren und geschlossenen Kreis zusammengesessen habe, um bestimmte wirtschaftliche Probleme vom liberalen Standpunkt aus zu diskutieren, vermag der Historiker nur wenig anzufangen; eine objektive Darstellung muß sich da schon an die Zeugnisse öffentlichen Auftretens halten, die eine bestimmte Haltung und Handlung wirklich dokumentieren. Für die zwanziger Jahre dürfte es schwierig sein, derartige Belege beizubringen; tatsächlich hat Turley keinen Ansatz dazu gemacht, seine Behauptung durch eine Quellenerläuterung zu stützen. Die früheste, von Turley angegebene Quelle ist eine kleine Schrift von Hans Gestrich. Gestrich hatte 1930 seine Überzeugung zum Ausdruck gebracht, daß Konsum und Produktion auch zu der Zeit, wo die als Manchestertum abgelehnte Gesinnung untergegangen ist, durch ein Preissystem regulierbar ist, ohne daß „von oben" regelnd eingegriffen wird.[25] Den Einwand, daß die Preisbildung durch Kartelle und Truste beeinflußt sei, hält Gestrich für nicht stichhaltig: „Das Herrschaftsgebiet dieser Monopole wird meistenteils weit überschätzt, außerdem wird fast nie an die Grenzen gedacht, die dem Marktbeherrschungswillen der Monopole durch die Möglichkeit des Aufkommens neuer Konkurrenz, ferner aber auch durch die Grenzen der Konsumwilligkeit der Verbraucher gezogen sind."[26] Gestrich ist hier also von der charakteristischen Monopol-„Kritik" der Neoliberalen noch sehr weit entfernt und ist im übrigen auch in seinen Forderungen eher liberal als neoliberal. So plädiert er gegen die Einschaltung staatlicher Machtmittel im internationalen Handel.[27] Zwar kommt Gestrich in einigen Formulierungen den Ambitionen späterer Neoliberaler sehr nahe, so z. B. wenn er von der Verantwortung des Staates zur Gewährleistung freier Konkurrenz spricht[28], doch weist er noch nicht mit der starken Betonung auf die Dringlichkeit staatlicher Eingriffe zur „Wiederherstellung der Konkurrenzwirtschaft" hin, die der Freiburger Schule später eigen war. Der Verlauf der großen Weltwirtschaftskrise hat schließlich allen wirtschaftspolitischen Erwägungen größere Schärfe verliehen. Sie hat veranlaßt, daß sich alle bisherigen dirigistischen Maßnahmen einer Kritik unterziehen mußten und ihr Wert angesichts weiterer Fortschritte der Krise in Frage gestellt wurde.

Turley zieht allerdings die Ansichten von Gerhard Strube[29] und Werner Cordes[30] in Zweifel, daß die große Weltwirtschaftskrise ein Umdenken der bürgerlichen Ökonomen zur Folge hatte. Er schreibt: „Diese und ähnliche ‚Erklärungen' lassen das Auf-

[23] Vgl. ebenda, S. 115.

[24] Vgl. Imperialismus heute. Der staatsmonopolistische Kapitalismus in Westdeutschland. Berlin 1965, S. 7ff.

[25] Vgl. Hans Gestrich, Liberalismus als Wirtschaftsmethode, Berlin 1930, S. 7.

[26] Ebenda, S. 9, vgl. auch S. 30.

[27] Vgl. ebenda, S. 22f.

[28] Vgl. ebenda, S. 25f.

[29] Vgl. Gerhard Strube Die Staatsauffassung des Neoliberalismus, dargestellt am Staatsdenken von W. Eucken, W. Röpke und A. Rüstow, Diss. Tübingen 1945.

[30] Vgl. Werner Cordes, Das Ordnungsbild der Gesellschaft und seine Bedeutung für die Wirtschaftsverfassung in der Lehre des Kreises um das Ordo-Jahrbuch in der heutigen katholischen Soziallehre, Diss. München 1954.

kommen der neoliberalen Richtung in Deutschland als eine aus den inneren Schwierigkeiten des Kapitalismus resultierende Kritik an den damaligen herrschenden bürgerlichen wirtschaftstheoretischen und -politischen Ansichten erscheinen. In Wirklichkeit ging es aber darum, . . . der gesellschaftlich notwendigen und realen Alternative zum Kapitalismus, dem Sozialismus, der angesichts der Erfolge des sozialistischen Aufbaus in der UdSSR für die Ausgebeuteten und Unterdrückten in den kapitalistischen Ländern immer anziehender wurde, mit einer Theorie von einem sogenannten ‚dritten Weg' entgegenzutreten."[31]

Der Antikommunismus spielt in der Tat eine Hauptrolle in der Argumentation der Neoliberalen. Es ist jedoch falsch, in diesem Motiv den entscheidenden Anstoß zu ihrer Kampagne gegen einen weitgehenden Dirigismus zu sehen. Von Bljumin wurde daher auch sehr folgerichtig das Problem der unkonsequenten, von vielen Halbheiten und Unaufrichtigkeiten begleiteten Agitation gegen die Monopole und ihre Diskussion um die Form staatlicher Einmischung in den Mittelpunkt seiner Analyse des Neoliberalismus gestellt.[32] Der Interventionismus ist der eigentliche Gegenstand der neoliberalen Polemik. Zur Zeit des Auftretens der Neoliberalen wurde von keinem Ökonomen mehr bestritten, daß es *möglich* sei, in das Wirtschaftsleben regelnd einzugreifen. Uneinigkeit herrschte allerdings über die Frage, ob Regulierungsmaßnahmen *zweckmäßig* seien und ob sie nicht unerwünschte Folgen zeitigen würden. Man stritt sich selbst über die Frage, wie weit direkte autoritative Eingriffe in den Wirtschaftsablauf fest zu umreißen seien. Ludwig von Mises z. B. hatte alle „Handlungen der Obrigkeit, die mit allen Mitteln des Marktes arbeiten, d. h. solche, die Nachfrage oder Angebot durch Veränderung der Marktfaktoren zu beeinflussen suchen",[33] aus dem „Interventionismus"-Begriff ausgeschlossen. Danach würden nur noch jene Eingriffe als interventionistisch zu definieren sein, die im direkten Widerspruch zu dem Willen der Unternehmer stehen. (Mises: „Der Eingriff ist ein von einer gesellschaftlichen Gewalt ausgehender isolierter Befehl, der die Eigentümer der Produktionsmittel und die Unternehmer zwingt, die Produktionsmittel anders zu verwenden, als sie es sonst tun würden."[34]) Hans Kretschmar weist demgegenüber sehr richtig darauf hin, daß mit Hilfe staatlicher Autorität noch andere antiliberalistische Maßnahmen als direkte Zwangsvollstreckungen möglich seien, z. B. die Schaffung gewichtiger Anreize.[35] Kretschmar bemüht sich im übrigen darum nachzuweisen, daß „eine Abkehr vom Gesamtsystem der liberalen Klassik und ihrer Nachfolger und die Entwicklung eines nationalwirtschaftlichen Gesamtsystems weder eine Negation wissenschaftlicher Erkenntnis und wissenschaftlicher Objektivität . . . zur Folge haben, noch daß damit ein Zuwiderhandeln gegen die regelmäßigen Markttendenzen oder eine Ausschaltung der Privatwirtschaft verbunden sein muß."[36] Neben dieser direkten Befürwortung weiterer dirigistischer Maßnahmen werden schließlich aus dem Kreise der Ökonomen, die später als Neoliberale bezeichnet werden, Stimmen laut, die für eine Modifizierung der staatlichen Interventionen eintreten.

Wenn man das Auftreten der Neoliberalen über mehrere Jahre hinweg in Deutschland verfolgt, dann zeichnen sich deutlich drei Etappen ab. Sie haben etwa durch die Jahre 1932, 1936/37 und 1945/46 ihre Cäsur. Schließlich könnte man noch das Jahr 1940 als bemerkenswerten Abschnitt der Entwicklung des deutschen Neoliberalismus hinzusetzen, das Jahr nämlich, das den Neoliberalen die Euckenschen „Grundlagen" als wichtige theoretische Stütze ihrer wirtschaftspolitischen Ambitionen gebracht hat.

[31] Turley, a. a. O., S. 16.

[32] Vgl. Bljumin, a. a. O., S. 400ff.

[33] Ludwig von Mises, Kritik des Interventionismus. Untersuchungen zur Wirtschaftspolitik und Wirtschaftsideologie der Gegenwart. Jena 1928, S. 5.

[34] Ebenda, S. 6.

[35] Hans Kretschmar, Ökonomische Theorie, Nationalwirtschaft und „Interventionismus", Weltwirtschaftliches Archiv, 38. Band, Heft 2, Jena 1933, S. 334f.

[36] Ebenda, S. 355.

Das Jahr 1932 brachte nicht nur den Höhepunkt der Wirtschaftskrise mit sich, sondern offenbarte auch, daß man mit den staatlichen Eingriffen zur Beseitigung der wirtschaftlichen Katastrophe Schiffbruch erlitten habe. „Zu den ... staatlichen Eingriffen auf lohn- und steuerpolitischem Gebiet, zur Sanierung bankrotter Monopole, zu der Subventionierung in den verschiedensten Formen, der Übernahme von Garantien, der Vergabe von Krediten, der Erhöhung der Zölle usw. kamen solche Maßnahmen wie die Devisenbewirtschaftung, die Kontingentierung der Importe, die zwangsweise Reduzierung des Tabak-, des Zuckerrübenanbaues und andere. Bei allen diesen Bemühungen, die auch in vielfältigen Maßnahmen auf finanzpolitischem Gebiet ihren Ausdruck fanden, wurde jedoch bis etwa Mitte 1932 im offensichtlichen Bestreben, inflationistische Tendenzen zu vermeiden, die Währung im wesentlichen nicht angetastet ... Das änderte sich erst unter den Regierungen Papen und Schleicher. Sie unternahmen Versuche, vor allem durch Methoden der Defizitfinanzierung, die Verwertungsbedingungen des Kapitals günstig zu beeinflussen und Arbeitsbeschaffungsmaßnahmen einzuleiten."[37]

Das war der wirtschaftsgeschichtliche Hintergrund des Auftretens der Männer, die sich in der Freiburger Schule zusammenfanden, um gegen den erfolglosen Interventionismus zu polemisieren.

Auf der Tagung des Vereins für Sozialpolitik, die am 28. und 29. September 1932 in Dresden zu dem Thema „Deutschland und die Weltkrise" stattfand, hatte sich Alexander Rüstow zu Wort gemeldet und einen „liberalen Interventionismus" propagiert, der einen „vollkommen anderen Staat" voraussetze, der dem Interventionismus nicht mehr zugunsten von Interessentengruppen praktizierte, sondern der über der Wirtschaft, über den Interessenten steht. Nach Rüstows Ansicht ist bisher in der Wirtschaft staatlicherseits interveniert worden, um die Konkurrenzbedingungen, die sich durch irgendeine, meist von außen kommende Strukturveränderung für einen Teil der nationalen Wirtschaft verschlechterten, wieder zu korrigieren. Diese Interventionen hätten jedoch nur das Unheil verstärkt und schließlich zur Krise geführt. Man dürfe jedoch weder dem Laissez-faire-Standpunkt huldigen, noch den regellosen Interventionismus weitertreiben, sondern „in Richtung der Marktgesetze", „zur Beschleunigung des natürlichen Ablaufs."[38]

In einer Streitschrift gegen Autarkiebestrebungen hatte auch Wilhelm Röpke 1932 von einer „zunehmenden Erstarrung der Weltwirtschaft durch Prohibitivzölle, Kontingente, Einfuhr- und Ausfuhrverbote, Handelsmonopole und Devisenwirtschaft" gesprochen, die so weit gehe, daß das Schicksal der Weltwirtschaft auf dem Spiel stehe.[39] Es werde höchste Zeit, meinte Röpke, daß man sich gegen die „Atmosphäre des Ungeistes, der Hysterie und der tyrannischen Anmaßung" mit aller Macht auflehne, in der „ein neues ehernes Zeitalter des Zwanges, der Persönlichkeitsknechtung, der nationalen Enge, der Armut, der moralischen, geistigen und technischen Primitivität und des Mundhaltens mit tausend Zungen gesungen" und jeder Andersdenkende als bestochen oder ein verkalkter Liberaler denunziert wird.[40]

Zusammenfassend forderte Röpke: „Der Weg zu einer helleren Zukunft geht nicht über Restriktion, sondern über Leistungssteigerung, nicht über Einengung, sondern über Ausweitung, nicht über Zwang, sondern über Freiheit, nicht über Bürokratisierung, sondern über die freie Entfaltung individueller Intelligenz und Energie, nicht

[37] Autorenkollektiv, Imperialismus heute. Berlin 1965, S. 57f. Vgl. auch Wilhelm Grotkopp, Die große Krise, Düsseldorf 1954; Gerhard Kroll, Von der Weltwirtschaftskrise zur Staatskonjunktur, (West-)Berlin 1958.

[38] Vgl. Schriften des Vereins für Sozialpolitik, 187. Band, München und Leipzig 1932 S. 64f.

[39] Vgl. Wilhelm Röpke, Weltwirtschaft, eine Notwendigkeit der deutschen Wirtschaft, Tübingen 1932, S. 6f.

[40] Ebenda, S. 8.

über Wirtschaftskrieg und Autarkie, sondern über Wirtschaftsfrieden und Weltwirtschaft."[41]

Deutlicher als Röpke hatte Eucken im gleichen Jahr in einem Aufsatz vor staatsmonopolistischen Maßnahmen gewarnt und das Gespenst der Stagnation an die Wand gemalt. Er ging von dem Problem der Dynamik des Kapitalismus aus.

Eucken meint, daß die Frage, ,,ob heute noch wie früher Unternehmer vorhanden sind, die Willen und Fähigkeiten besitzen, Führer der Entwicklung zu sein", für die monopolistischen Industriezweige in Deutschland zu verneinen sei. Überall da, ,,wo durch Vertrustung, durch Bildung festgefügter Kartelle, durch Patente oder Geheimverfahren die Kraft der Konkurrenz gebrochen oder stark geschwächt worden ist" treffe das Bild zu, daß der Unternehmertyp, der die große industrielle Expansion seit der Mitte des vorigen Jahrhunderts durchgeführt, aussterbe. Eine Änderung der Wirtschaftsgesinnung vollziehe sich dort, wo ,,das Vordringen des rationalen Denkens mehr und mehr den Wagemut, den Spekulationsgeist unterdrücke, der notwendig sei, um Neuerungen aufzugreifen und durchzuführen. Anstatt dessen beherrsche den heutigen Unternehmer das Streben nach Sicherheit und Stetigkeit. Gerade in der Großindustrie vollziehe sich eine Verbeamtung der Unternehmerschaft, die den echt kapitalistischen, vorwärtsdrängenden, wirklich unternehmenden Geist nicht mehr kenne, und somit fehle heute der eigentliche Motor der wirtschaftlichen Entwicklung". Wo monopolistische Machtstellungen jahrzehntelang bestehen, ändere das Unternehmertum allmählich seinen Charakter, verschwinde der frühere Typ des beweglichen Unternehmers, und eine Verbeamtung greife Platz. ,,Im deutschen Steinkohlenbergbau z. B., in der eisenschaffenden Industrie, im Kalibergbau, also in Industrie, die seit langer Zeit Monopolsicherungen genießen, ist ein solcher Wandel der Wirtschaftsgewinnung, der eine Bürokratisierung der Wirtschaftsführung zur Folge hat, deutlich zu beobachten."[42] In Industriezweigen dagegen, wo Kartelle gar nicht oder nur in lockerer Form oder nur vorübergehend Bestand haben, sei noch ein Unternehmertyp des Wettbewerbs, ähnlich dem des 19. Jahrhunderts vorhanden.

Die Entwicklung des Kapitalismus würde durch eine Verbürokratisierung und Verrentung des Unternehmertums und einem Rückgang technischer Erfindungen allerdings nicht ernsthaft gefährdet sein, meint Eucken weiter.[43] Dagegen werfe die neue ,,staatlich-gesellschaftliche Organisation der Völker" kritischere Probleme auf, ,,die das Funktionieren des kapitalistischen Mechanismus aufs äußerste erschwert und seine Entwicklung hemmt oder unmöglich macht."[44] Die Gefahr sieht Eucken in der Aufgabe des ökonomischen Liberalismus, in der engen Verflechtung der Wirtschaft mit dem Staat, in der Zunahme des Interventionismus im Wirtschaftsleben. Nach seiner Meinung würde dadurch die Position des Staates geschwächt werden. Es sei eine folgenschwere Erscheinung, daß ,,ganz allgemein gerade durch die enge Verflechtung mit der Wirtschaft die Selbständigkeit der Willensbildung des Staates unterhöhlt wird, auf der seine Existenz beruht[45], weil er sich jetzt in hohem Maße dem Willen von Interessenten zu beugen habe. Andererseits habe auch die Wirtschaft schwere Erschütterungen zu verzeichnen, da die kapitalistische Wirtschaftsordnung ,,eine durch Staatseingriffe unbehinderte Preisbildung voraussetzt — wenn ihr Steuer nicht seine Funktionsfähigkeit verlieren soll."[46] Der bisherige Regulatur der Volkswirtschaft, das Preissystem, werde funktionsunfähig: ,,Schon durch das Aufkommen einzelner Monopole und monopolartiger Gebilde war die Wirksamkeit des Preismechanismus behindert, und waren gefährliche Kapitalfehlleitungen veranlaßt worden. Indem der

[41] Ebenda, S. 25f.

[42] Walter Eucken, Staatliche Strukturwandlungen und die Krisis des Kapitalismus. Weltwirtschaftliches Archiv, 36. Band, Jena 1932, S. 298.

[43] Vgl. ebenda, S. 300f.

[44] Ebenda, S. 301.

[45] Ebenda, S. 307.

[46] Ebenda, S. 308.

Staat — besonders durch seine Zoll- und Kartellpolitik — das Aufkommen und die Festigung der Monopole wesentlich erleichterte, die nur durch seine Hilfe ihre jetzige Machtstellung erringen konnten, hat er die regulierende Kraft des Preissystems mittelbar stark geschwächt. Er hat darüber hinaus durch unmittelbare Preisbestimmung auf Arbeits-, Kapital-, Wohnungs-, Lebensmittel- und vielen anderen Märkten Preisverschiebungen verhindert und damit bewirkt, daß angebotene und nachgefragte Quantitäten sich nicht ausglichen. Soweit aber noch durch Preisveränderungen Umstellungen diktiert wurden, hat er vielfach versucht, sie durch Subventionen, Vollstreckungsschutz usw. zu bremsen." Durch den staatlichen Interventionismus sei „aus dem freien, durch das Preissystem sinnvoll geordneten, ein staatlich gebundener Kapitalismus geworden, der einer brauchbaren Steuerung entbehrt. Die bisher im ökonomischen Mechanismus wirksame Tendenz zur Vollbeschäftigung aller Anlagen und Arbeitskräfte, die in jeder Konkurrenzpreisverschiebung liegt, wurde weitgehend ausgeschaltet. Gerade durch die Politisierung der Preisbildung wurde der Produktions- und Verteilungsprozeß von den Zufälligkeiten politischer Machtgruppierungen abhängig, und insofern ist die Wirtschaftsordnung anarchisch geworden."[47]

Franz Böhm, ein weiterer Anhänger der Freiburger Schule, hat 1933 ein Buch herausgebracht, in dem er unmißverständlich Partei gegen die Monopole ergreift.[48]

Nach Böhm beruht die „freie Verkehrswirtschaft" auf einer Rechtsverfassung, die in Deutschland im wesentlichen in der Gewerbeordnung kodifiziert ist. In ihr würden die Kampfnormen für den Leistungswettbewerb festgesetzt und durchgesetzt. Das produktionsfördernde Produzentenprimat wird durch die Konkurrenz und die freie Konsumentenwahl kontrolliert und in Schranken gehalten. Es käme darauf an, ein konsequentes Rechtssystem der „freien Verkehrswirtschaft" auch konsequent anzuwenden. In diesem System erscheint der Kampf der Monopole gegen die Außenseiter als eine Störung, da er nicht nach den zugelassenen Regeln des Leistungskampfes erfolgt, sondern mit Hilfe politischer und ökonomischer Herrschgewalt. Die organisierten Monopolvereinigungen erscheinen als ein organisierter Angriff auf das Wirtschafts- und Rechtssystem der „freien Volkswirtschaft". Es liegt nun an dem Staat, so meint Böhm, sich dafür zu entscheiden, ob er an der „freien Volkswirtschaft" festhalten und das Wirken der Monopole als verfassungsbedrohenden Akt bekämpfen wolle.

So erscheint der Monopolismus in der Darstellung Böhms als ein Fremdkörper im System der „freien Verkehrswirtschaft". Er erziele außerdem einen geringeren gesamtökonomischen Effekt als die freie Konkurrenz, da er das Wirtschaftsleben anpassungsfähiger mache und die negativen Folgen von Disproportionen, die Leiter von Monopolen hervorrufen könnten, zu Lasten der Allgemeinheit gingen.

Es ist unübersehbar, daß die zitierten Stimmen aus dem Jahre 1932 ungleich schärfer formuliert sind als die konzilianten Äußerungen Gestrichs aus dem Jahre 1930, der eine Rückkehr zum „liberalistischen Wirtschaftssystem" mit Staatshilfe für leicht möglich hält. Dagegen wird bei Rüstow und Eucken der Einspruch gegen einen verfehlten Dirigismus mit dem Schreckgespenst der unaufhörlichen Wirtschaftskrise verdeutlicht. Eucken und Böhm haben die Monopole für die Stagnationserscheinungen verantwortlich gemacht, für die Gestrich nur wenig kritische Worte fand. So fiel der erste historische Auftritt des deutschen Neoliberalismus auf den Vorabend der Errichtung der faschistischen Diktatur.

Die Freiburger Schule stellt nicht die einzige aber die wichtigste Pflanzschule des Neoliberalismus dar. Der Neoliberalismus sieht für den Staat eine begrenzte Intervention in der Wirtschaft vor, die darauf gerichtet sein soll, die freie Konkurrenz und das freie Spiel der ökonomischen Kräfte zu gewährleisten. Gleichzeitig wurde diese Konzeption mit einer, weitgehend demagogischen, Kritik der Monopole und einer sozialen Demagogie verknüpft. Die Neoliberalen geben vor, einen Mittelweg zwischen Imperialismus und Sozialismus gefunden zu haben, der die „Vorzüge" von beiden

[47] Ebenda, S. 308f.

[48] Franz Böhm, Wettbewerb und Monopolkampf, Berlin 1933.

vereinigt und ihren „Nachteilen" zu entgehen vermag. Bis zum Jahre 1937 hatten die Neoliberalen der Öffentlichkeit diese Konzeption noch nicht präzis formuliert vorgelegt. Die allgemeine Hochkonjunktur brachte die bürgerlichen Kritiker zunächst zum Schweigen — eine natürliche und erklärbare Entwicklung, die Naumann später zu dem Satz veranlaßt: „Einige Kreise der liberalen Bourgeoisie und des liberalen Kleinbürgertums verhielten sich dem Faschismus gegenüber zunächst zurückhaltend, ohne jedoch irgendwelche ernste Opposition zu bezeugen."[49]

Erst in den Jahren 1936/37 treten die Neoliberalen erneut an die Öffentlichkeit. Inzwischen waren in der deutschen Wirtschaft bedeutende Veränderungen vor sich gegangen. Der staatsmonopolistische Kapitalismus in Deutschland erlebte während der faschistischen Herrschaft einen Höhepunkt seiner Entwicklung.[50] Das Wiederaufleben des Neoliberalismus stellte jetzt unter anderem einen konkreten Reflex auf die faschistische Zwangswirtschaft dar.

[49] Naumann, a. a. O., S. 67.
[50] Vgl. Imperialismus heute, a. a. O., S. 60ff.

BUCHBESPRECHUNG

CEPES, Europa braucht die EWG: Vorschläge der deutschen CEPES-Gruppe zur Erhaltung der Europäischen Wirtschaftsgesmeinschaft, 23. September 1965, Frankfurt am Main 1965., CEPES-CED-KEIZAI DOYUKAI, Ost-West-Handel: Eine gemeinsame Politik für den Westen, Frankfurt am Main 1965.

Die westdeutsche CEPES-Gruppe[1] unterbreitet in der vorliegenden Broschüre „Europa braucht die EWG" Vorschläge zur Erhaltung und Konsolidierung der Europäischen Wirtschaftsgemeinschaft. Die Arbeit ist entstanden auf Grund der Krise innerhalb der EWG, die mit der Einstellung der Mitarbeit Frankreichs in den EWG-Organen Mitte 1965 einen Höhepunkt gefunden hat. Auslösendes Moment dieser Krise waren die Differenzen über die Finanzierung der gemeinsamen Agrarpolitik, die tieferen Ursachen liegen jedoch in den unterschiedlichen Auffassungen der einzelnen Mitgliedstaaten über die weitere Entwicklung innerhalb der EWG.

Bei der Verwirklichung der EWG-Verträge ist ein Stadium erreicht worden, in dem zwischen den Vorstellungen der Mitglieder über die vorrangig zu ergreifenden Maßnahmen entscheidende Differenzen aufgetreten sind. Die einzelnen Mitgliedstaaten haben z. T. unterschiedliche Interessen, die u. a. in ihrer verschiedenen Wirtschaftsstruktur und im unterschiedlichen Kräfteverhältnis begründet sind. So steht für Frankreich und Italien die Agrarpolitik im Mittelpunkt der Aufmerksamkeit, da die Ausfuhr landwirtschaftlicher Erzeugnisse für beide Staaten lebenswichtig ist. Westdeutschland dagegen ist vor allem an der Förderung seiner Exporte von Industriegütern interessiert, während die Verwirklichung der EWG-Agrarpolitik große Schwierigkeiten für die westdeutsche Landwirtschaft bringt. Deshalb strebt jedes Land nach der bevorzugten Behandlung der Fragen, die seine Interessen betreffen.

Auch der Kampf um die politische Vormachtstellung in Westeuropa zwischen Frankreich und Westdeutschland spielt selbstverständlich eine Rolle. Westdeutschland versucht über die EWG seinen politischen Einfluß zunächst in Westeuropa zu vergrößern, der bisher in keinem Verhältnis zu seinen ökonomischen Potenzen steht. Deswegen drängt Westdeutschland so stark auf die konsequente Verwirklichung aller Punkte der EWG-Verträge. „Wer A sagt, muß auch B sagen", mit dieser Begründung versucht Westdeutschland, jedes Abweichen von der ursprünglich vorgesehenen Linie zu verhindern. Die westdeutsche CEPES-Gruppe „warnt vor allen Vertragsänderungen, die die jetzige verfassungsmäßige Ordnung der EWG aufweichen würden. Sie appelliert an die beteiligten Regierungen und Parlamente, sich bei ihren Entscheidungen nicht von kurzfristigen politischen Opportunitätserwägungen, sondern vom langfristigen Wohlergehen der europäischen Völker leiten zu lassen." (S. 6/7)[2] Es wird großes Gewicht darauf gelegt, daß alle EWG-Organe arbeitsfähig bleiben. Deshalb wird gefordert, „den Ministerrat als Gemeinschaftsorgan der EWG wieder voll funk-

[1] Aufgabenstellung und Zusammensetzung vgl. Schilling: Buchbesprechung (CEPES/CED: Die freie Weltwirtschaft in der Bewährung), Konjunktur und Krise, 1965, Heft 1, S. 88.

[2] Die Seitenangaben beziehen sich auf die jeweils angeführte Broschüre.

tionsfähig zu machen" (S. 8). Es ist erforderlich, daß „die Regierungen der EWG-Mitgliedstaaten ihren Delegationen für die Abstimmungen in den Ratssitzungen rechtzeitig ausreichende Verhandlungsvollmachten und klare Instruktionen für Abstimmungen erteilen" (S. 9) und daß der vorgesehene Übergang von einstimmigen zu Mehrheitsbeschlüssen im EWG-Ministerrat unbedingt verwirklicht wird. Gegen diesen Übergang zu Mehrheitsbeschlüssen im Ministerrat wendet sich Frankreich, weil es durch die Übergabe entscheidender nationaler Souveränitätsrechte an supranationale Organe eine Schwächung seiner Position fürchtet. Die westdeutsche CEPES-Gruppe ist jedoch der Meinung, daß ohne das Prinzip der Mehrheitsbeschlüsse eine „kontinuierliche Entwicklung der Gemeinschaft" (S. 9) unmöglich wäre. Mehrheitsabstimmungen würden die Interessen Frankreichs ja gar nicht gefährden, heißt es, auch unter diesen Umständen würden „legitime lebenswichtige Interessen einzelner Mitgliedstaaten respektiert" (S. 9). Es bedürfe „weder einer Vertragsänderung noch einer Interpretationsklausel" (S. 9), um diese Interessen zu schützen.

Eine Zustimmung zu den französischen Vorschlägen auf dem Agrarsektor wird von einer konsequenten Erfüllung aller Punkte des EWG-Vertrages abhängig gemacht. „Frankreich als Hauptagrarexporteur der EWG muß sich klar darüber sein, daß die Bundesrepublik und Italien als Hauptagrarimportländer große finanzielle Opfer bringen müssen, wenn sie die Kommissionsvorschläge akzeptieren. Das ist nur dann vertretbar, wenn die verfassungsmäßige Ordnung der EWG unangetastet bleibt und die Erfüllung des EWG-Vertrages durch alle Mitglieder ohne willkürliche Verzögerung gewährleistet ist" (S. 18).

Frankreich wird aufgefordert, die Arbeit der EWG nicht weiter zu boykottieren. Es wird vor jeder Vertragsänderung gewarnt, weil dadurch „der Integrationsgehalt des EWG-Vertrages aufgeweicht" (S. 10) und die Erhaltung der Arbeitsfähigkeit der EWG-Organe in Frage gestellt würde. Drohend wird darauf hingewiesen, daß die EWG auch ohne Frankreich existieren könne, daß das jedoch schwerwiegende Folgen für Frankreich haben würde. „Ein Fortfall der Präferenzen auf den Märkten der Nachbarländer würde nicht nur für die französische Landwirtschaft, sondern auch für die gewerbliche Wirtschaft Frankreichs erhebliche Wettbewerbsschwierigkeiten herbeiführen. Das ökonomische Interesse Frankreichs an der Fortsetzung des Gemeinsamen Marktes würde dann offenbar werden" (S. 37). Damit hat die westdeutsche CEPES-Gruppe durchaus nicht unrecht. Trotz aller Meinungsverschiedenheiten haben die beteiligten Staaten ein starkes Interesse am Weiterbestehen der EWG. Bereits durchgeführte internationale Spezialisierungsmaßnahmen, Zollsenkungen, die Freizügigkeit der Arbeitskräfte und des Kapitals, das alles hat bereits große Vorteile für die führenden Monopole gebracht. „Die Verflechtung der Volkswirtschaften ist in der EWG bereits so weit fortgeschritten, daß ein Auseinanderfallen der Gemeinschaft mit schwerwiegenden wirtschaftlichen Nachteilen für die Mitglieder verbunden wäre. Die wirtschaftlichen Vorteile, die die EWG allen Mitgliedstaaten gebracht hat, sind offenkundig. Die Stärkung ihrer Wirtschaftskräfte hat auch das politische Ansehen und Gewicht der EWG-Mitglieder entscheidend beeinflußt. Ein Auseinanderfallen der EWG wäre deshalb für die beteiligten Staaten nicht nur mit einem wirtschaftlichen Substanz-, sondern auch mit einem politischen Einflußverlust verbunden" (S. 1). Auch Konsequenzen für die Kennedy-Runde im GATT wären unvermeidlich. „Dies könnte zur Folge haben, daß sich die Wettbewerbssituation der westeuropäischen Länder gegenüber den Vereinigten Staaten von Amerika wesentlich verschlechtert. Zumindest würden die durch die Kennedy-Runde für die westeuropäischen Staaten erhofften handelspolitischen Vorteile verloren gehen." (S. 8) Die Monopolinteressen erfordern also ein Weiterbestehen der EWG.

Im Zeitalter der wissenschaftlich-technischen Revolution verlangt der rationelle Einsatz der Produktivkräfte internationale Spezialisierung und Kooperation, Großserienproduktion, Sicherung großer Absatzmärkte und daher eine gesellschaftliche Leitung der Produktion. Der kapitalistische Weg, der diesen Erfordernissen in gewisser Weise Rechnung zu tragen vermag, ist der staatsmonopolistische Kapitalismus, die Schaffung supranationaler Organisationen mit dem verbunden ist. Die Aufrechterhaltung der EWG liegt also auch von dieser Seite aus gesehen im Interesse des Kapitalismus. Nicht zu vergessen ist der Wettbewerb zwischen Sozialismus und Kapitalismus. Die Rolle, die das sozialistische Weltsystem bereits spielt, erfordert eine gewisse Koordinierung innerhalb des kapitalistischen Lagers.

Die politische Zielsetzung, die Westdeutschland innerhalb der EWG verfolgt, kommt an verschiedenen Stellen der Broschüre deutlich zum Ausdruck. Nicht umsonst wird immer wieder die Errichtung auch einer politischen Union gefordert, die das Endziel der Integration sein soll. Die CEPES-Gruppe weist jeden Versuch zurück, die EWG lediglich als „regionale Organisation zur Förderung des Außenhandels" (S. 31), als bloße Handelsvereinigung zu sehen. Deswegen werden auch Assoziierungsverträge abgelehnt, die eine gewisse Selbständigkeit der Assoziierungspartner vorsehen. „Diejenigen europäischen Staaten, die aus freien Stücken neutral bleiben oder sich ein höheres Maß wirtschaftspolitischer Handlungsfreiheit als die EWG-Mitglieder bewahren wollen, können der EWG weder beitreten noch ihr assoziiert werden" (S. 35). Auf Grund der gegenwärtigen Lage glaubt die westdeutsche CEPES-Gruppe, daß das Projekt einer politischen Union zunächst verschoben, aber niemals aufgegeben werden sollte. „Statt dessen sollten alle Anstrengungen der politischen Kräfte und der Wirtschaft darauf konzentriert werden, die EWG in ihrer Substanz zu erhalten und ... systematisch zu konsolidieren" (S. 7).

Zu den wichtigsten Problemen, die in der jetzigen Periode zu lösen sind, wird deshalb Stellung genommen, und es werden verschiedene Vorschläge dafür unterbreitet. U. a. wird an die Regierungen der EWG-Staaten (d. h. vor allem an Frankreich) appelliert, die Vollendung der Zollunion nicht zu verzögern. Die „Harmonisierung der Steuern", besonders die Einführung eines Mehrwertsteuersystems in allen Mitgliedstaaten, wird befürwortet. Ebenso wird der Übergang zum gemeinsamen Agrarmarkt, eine Angleichung der Wettbewerbsvorschriften, eine Koordinierung der Konjunkturpolitik, eine einheitliche Handels- und Währungspolitik und die bessere Koordinierung der Entwicklungshilfe gefordert. Auch die Einbeziehung weiterer Staaten Europas, vor allem Großbritanniens, in den Integrationsprozeß wird nicht unerwähnt gelassen. Zu allen diesen Punkten werden mehr oder weniger ausführliche Darlegungen gebracht, die den westdeutschen Standpunkt in diesen Fragen zum Ausdruck bringen.

Man kann zusammenfassend sagen, daß die Broschüre „Europa braucht die EWG" einen interessanten Überblick über die Beurteilung der Lage innerhalb der EWG durch die führenden Wirtschaftskreise Westdeutschlands und ihre Vorstellungen über die weitere Entwicklung gibt. Sie bringt gleichzeitig deutlich die Ziele zum Ausdruck, die diese Kreise verfolgen und zeigt am Beispiel der Differenzen vor allem zwischen Frankreich und Westdeutschland die Entwicklung der Widersprüche innerhalb der EWG.

Die Broschüre „Ost-West-Handel: Eine gemeinsame Politik für den Westen" ist gemeinsam von der westdeutschen, französischen und italienischen Gruppe der CEPES sowie den entsprechenden Parallelorganisationen der USA und Japans herausgegeben worden. Es hat sich auch bei den führenden kapitalistischen Ländern die Ansicht durchgesetzt, daß der Handel mit den sozialistischen Ländern den Absatz erhöhen und zur Kapitalverwertung beitragen kann. „Im Handel mit den Ländern des Ostens hoffen wir die gleichen wirtschaftlichen Vorteile realisieren zu können, die wir beim Handel unter uns erwarten. Das heißt: Wir versuchen, die Güter, die wir am besten produzieren, gegen jene Güter, die im Osten am billigsten zu erhalten sind, zu tauschen" (S. 12). Deshalb wird auf die „Notwendigkeit einer Überprüfung der westlichen Politik" (S. 7) und die daraus resultierende Erweiterung des Ost-West-Handels hingewiesen.

Diese Ausdehnung des Handels zwischen den beiden Weltsystemen wird auch durch die Politik der sozialistischen Staaten angestrebt. Der Vorschlag zur Gründung einer Welthandelsorganisation, die Bestrebungen, den Handel als völkerverbindendes Instrument zu nutzen und damit die friedliche Koexistenz verwirklichen zu helfen, zeigen das in aller Deutlichkeit.

Im Handel mit den sozialistischen Ländern findet zwischen den Monopolen der kapitalistischen Staaten ein gewisser Wettlauf statt. Jeder will am Ost-West-Handel beteiligt sein, keiner will allerdings zu große Konzessionen einräumen, obwohl er fürchtet, daß der Konkurrent solche Zugeständnisse machen könnte. Die Meinungsverschiedenheiten über die Kreditfristen, die sozialistischen Ländern gewährt werden, zeigen das. In der Broschüre werden diese Differenzen klar herausgestellt. Es wird ein ,,Kreditkrieg" zwischen den kapitalistischen Ländern befürchtet, der ,,zu einem anormalen Anwachsen des Kreditvolumens und einer Verschlechterung der Kreditbedingungen führt" (S. 25). In der sogenannten Berner Union, der ein großer Teil der Exportkreditversicherungsinstitute der westlichen Länder angehört, wurde vereinbart, daß ,,in Verbindung mit laufenden Geschäften normalerweise nicht mehr als 5 Jahre Kredit gewährt werden" (S. 24). Verschiedene Staaten, darunter Frankreich und Großbritannien, haben sich aber nicht an diese Vereinbarungen gehalten und Kredite mit längeren Laufzeiten gewährt.

Auf Grund aller dieser Tatsachen wird in der vorliegenden Broschüre gefordert, die westliche Ost-West-Handelspolitik abzustimmen und eine gemeinsame Handelspolitik gegenüber den sozialistischen Ländern durchzusetzen. ,,Die Wirksamkeit westlicher Politik wird von der Zusammenarbeit der westlichen Länder abhängen. Die Ungewißheit über Probleme, die sich aus der Expansion des Ost-West-Handels ergeben können, erfordert den prompten Austausch der notwendigen Informationen. Außerdem werden die westlichen Länder viel eher in der Lage sein, die Bedingungen, die sie für den Ost-West-Handel wünschen, zu erreichen, wenn sie zu Konsultationen bereit sind" (S. 15).

Zur Verwirklichung einer gemeinsamen Handelspolitik gegenüber den sozialistischen Ländern werden deshalb in der Broschüre verschiedene Empfehlungen gegeben. U. a. soll ein Ausschuß von Regierungsvertretern für den Ost-West-Handel bei der OECD gebildet werden, der Informationen über den Ost-West-Handel erarbeitet und verbreitet und ein vorbereitendes und beratendes Organ für allgemeine Fragen der Handelspolitik auf diesem Gebiet sein soll. Zur Aufgabe dieses ,,Committee on East-West-Trade-(CEWT)" sollen auch ,,Konsultationen über die Bedingungen, die im Handelsabkommen aufgenommen werden, über die Vermeidung von Marktstörungen, über Patentschutz und über den Export von technischem Wissen" (S. 16) gehören. Es werden außerdem Hinweise über die Formen des Ost-West-Handels, für die anzustrebende Art der Handelsverträge, die Erweiterung des Tourismus und des Kulturaustausches, den Schutz industriellen Eigentums im Ost-West-Handel, für die Handelsschiedsgerichtsbarkeit usw. gegeben.

Die abweichenden Auffassungen der USA zum Handel mit Kuba und den Volksrepubliken China, Korea und Vietnam werden in einer gesonderten Erklärung dargelegt. Ein umfangreicher statistischer Anhang über den Ost-West-Handel in den letzten Jahren ergänzt die Ausführungen.

Manche dieser technisch-ökonomischen Vorschläge erscheinen akzeptabel, aber sie müssen auch hinsichtlich ihrer politischen Zielsetzung betrachtet werden. Die neue Ost-West-Handelspolitik soll als Werkzeug benutzt werden und dazu dienen, wirtschaftlich in die sozialistischen Länder einzudringen, um sie allmählich von der UdSSR zu isolieren und so das sozialistische Weltsystem zu schwächen. Das wird in der Broschüre so ausgedrückt, daß überprüft werden sollte, ,,ob möglicherweise eine stärker differenzierte Politik notwendig ist, um den größeren Unterschieden in den nationalen und politischen Bedingungen im Osten gerecht zu werden" (S. 9). In der Broschüre ,,Europa braucht die EWG" heißt es dazu auf S. 27: ,,Die Handelspolitik gegenüber dem Osten sollte selektiv und flexibel sein. Nur so wird sie den jeweiligen politischen und ökonomischen Verhältnissen Rechnung tragen können." Das Embargo für bestimmte Waren soll weiter aufrechterhalten bleiben. In der vorliegenden Broschüre heißt es: ,,Wir suchen den Handel auszuschalten, der die Macht des Ostens gegenüber dem Westen verstärken würde" (S. 13). ,,Die Mitglieder der NATO und Japan sollten weiterhin den Export bestimmter militärisch wichtiger Güter ... in den Osten verbieten." (S. 33) Die Länder des Westens, also nicht nur die NATO-Staaten, „sollten Konsultationen im CEWT zustimmen, um jene Fälle zu identifizieren, in denen der Export von hochentwickelter nichtmilitärischer Technik ... in die Länder des Ostens die Interessen des Westens maßgeblich beeinträchtigen würde ... Ziel dieser Konsultationen sollte es sein, eine Politik abzustimmen, die die gemeinsamen Interessen des Westens schützt" (S. 33).

Die Broschüre über den Ost-West-Handel zeigt, daß dem Handel mit den sozialistischen Ländern allmählich auch in den führenden imperialistischen Staaten erhöhte Bedeutung beigemessen wird. „Es besteht die große Gefahr, durch unrealistische Ideologien und a-priori-Beweisführungen zu Fehlurteilen verleitet zu werden. Eine Gefahr besteht in der Tendenz anzunehmen, daß gegenüber den fremden Volkswirtschaften, ... die auf einem dem unsrigen entgegengesetzten System beruhen, aus diesem Grunde die beste Politik die der Nichtbeachtung wäre" (S. 14).

Beide Broschüren der CEPES stellen ein interessantes Material dar, das auch für die marxistische Untersuchung des staatsmonopolistischen Kapitalismus von Bedeutung ist. Die Meinung führender Wirtschaftskreise der entscheidenden imperialistischen Länder zu aktuellen Wirtschaftsfragen ist auch für eine Beurteilung der angeführten Probleme von unserem Standpunkt aus von Interesse.

Reinhard Schaefer

Hinweis der Redaktion

Wir möchten unsere Leser auf einen weiteren Fachgruppenkatalog des Leipziger Kommissions- und Großbuchhandels

Ökonomie — Wirtschaftspolitik

aufmerksam machen, der die deutschsprachige Literatur der DDR-Verlage enthält. Er ist ebenfalls in allen Buchhandlungen der DDR kostenlos zu erhalten.

CONTENTS

SOMMAIRE

СОДЕРЖАНИЕ

FSC
www.fsc.org
MIX
Papier | Fördert gute Waldnutzung
FSC® C083411

Kolibri 360 GmbH
Ferdinand-Jühlke-Straße 7
99095 Erfurt, Deutschland
produktsicherheit@kolibri360.de